Narratori Feltrinelli

Raquel Martos

Alla fine andrà tutto bene

(e se non va bene... non è ancora la fine)

Traduzione di Enrica Budetta

Titolo dell'opera originale
NO PASA NADA, Y SI PASA, SE LE SALUDA

Italian translation arranged by Silvia Meucci Agency
through International Editor's Co. Barcelona

Traduzione dallo spagnolo di
ENRICA BUDETTA

Prima edizione ne "I Narratori" giugno 2014

ISBN 978-88-07-03092-5

FSC
www.fsc.org
MISTO
Carta
da fonti gestite in
maniera responsabile
FSC® C015216

One morning soon / I will find / Some wings on my mind
To take me high / So if you hear a sound / From down here on the ground
My friends / It's only me / Trying to fly / Trying to fly
I would love to fly / Because I'm tired of being / Down here on the ground.

(Un giorno, molto presto, / nella mia mente / troverò / un paio d'ali / che mi porteranno in alto. / Perciò se sentite un rumore / quaggiù, sulla terra, / amici miei, / sono solo io, / che cerco di volare, / che cerco di volare. / Mi piacerebbe moltissimo volare / perché sono stanco di stare / quaggiù, sulla terra.)

Down here on the ground, Lalo Schifrin e Gale Garnett

A Carmen Ángela, mia madre

PRIMA SETTIMANA

Portami via da qui
se vuoi
e vengo con te
con la tua voce.

La tua voce, Gianmaria Testa

Si può avere caldo e freddo contemporaneamente? Sì, si può, a me sta succedendo proprio in questo istante. Non mi ero mai sentita così. È la mia prima volta e ho tanta, tanta paura. Distesa, nuda, coperta solo da un lenzuolo in attesa che arrivi lui, il cuore mi batte all'impazzata. Sono terrorizzata.

Ieri ho cercato di tenermi occupata per non pensarci e ho passato la giornata fuori di casa. Di mattina sono andata a correre e da lì direttamente al corso di pilates. Poi sono passata da Tezenis per comprare della biancheria intima e per pranzo ho visto Marián. Lei è l'unica che riesce a calmarmi quando vado nel panico. Stavolta però neppure i suoi superpoteri sono riusciti a tranquillizzarmi; non gliel'ho detto per non farla preoccupare, ma sono uscita dal ristorante morta di paura come quando ci ero entrata.

Nel pomeriggio ho fatto una seduta di laser per essere sicura di non avere sul corpo neppure un pelo che non volessi avere e poi anche il pedicure. Ero così nervosa che non sono stata zitta neanche un attimo con Débora, la mia estetista, cosa piuttosto strana; normalmente, sul terreno di gioco della conversazione, è lei ad avere la percentuale più alta di possesso palla.

Stavolta è riuscita ad aprire bocca solo per propormi un

nuovo smalto rosso ciliegia, che fa un effetto incredibile. Débora utilizza questo aggettivo per tutto: per lei può essere incredibile un mascara, l'avventura di sesso che ha avuto durante il fine settimana o i dolori mestruali di ogni mese: "Ho un dolore incredibile alle ovaie, tesoro", è la sua frase ricorrente. Débora è una ragazza adorabile, una che ama soffrire e che ha tatuate intorno agli occhi le mille batoste che le ha dato la vita, ma che non perde mai l'occasione di togliersi uno sfizio: "Mangiare, bere, scopare e ridere, tesoro, non esiste nient'altro, tutto il resto è uno schifo incredibile".

Io mi faccio sempre consigliare da Débora, nessuno ne sa più di lei sulla vita e gli smalti, ma stavolta, con enorme dispiacere, le ho detto di no. Lui è stato molto chiaro l'ultima volta che ci siamo visti:

"Niente smalto sulle unghie, niente trucco, né orecchini o anelli".

E io ho obbedito, in questo e in tutto il resto, con lui non posso fare il bastian contrario, sono nelle sue mani. Che angoscia, santo dio.

Devo riconoscere che è bello. Sì, insomma, bello o affascinante, non lo so. Come direbbe Marián, ha il suo perché. Forse è la voce, la sicurezza che trasmette, il modo di muovere le mani... Non è affatto male per l'età che deve avere.

Mi piace, mi piace nel senso letterale del termine, punto e basta. Che sia chiaro: non mi sposerei con lui; a dire il vero, a questo punto della mia vita non mi sposerei né con lui né con nessun altro, neppure con Clive Owen, anche se me lo chiedesse in ginocchio in un programma televisivo del pomeriggio. Be', se Clive facesse una cosa del genere, lo manderei a quel paese: fare la proposta di matrimonio in pubblico è un ottimo motivo per divorziare.

Quest'uomo ha carisma, ha qualcosa che lo rende speciale e ciò non mi tranquillizza tanto, ma già che deve essere lui... meglio che sia un figo, i bei bocconcini piacciono a tutti.

Mi scoppierà la testa a furia di pensare a queste sciocchezze per distrarmi. Deve stare lì lì per arrivare e io sto tremando come una ragazzina al test d'ingresso per l'università. Sono una stupida, lo so, non sono né la prima né l'ultima che ci passa e ne ho anche un gran bisogno. È imprescindibile che lo faccia, ma mi spaventa, mi atterrisce sapere che nel giro di pochi minuti lui deciderà del mio corpo e io non potrò parlare, né muovermi, né difendermi. Porca miseria, ero così sicura fino a oggi, fino a un minuto fa, ma adesso non so se lo voglio davvero, inizio a pentirmene.

"Come va? Nervosa?"

"Che spavento...! Un pochino."

"Ah ah, non mordo mica."

"Già."

"Tranquilla. Lo farò come si deve. Rilassati e fidati di me. Arrivo subito e iniziamo..."

È la voce, è questo che lo rende affascinante. La voce e... la sicurezza che trasmette. Mi incute soggezione, lui in piedi e io distesa, sono in evidente condizione di inferiorità, mi sento indifesa, vulnerabile.

Non posso, non posso. E se gli dico che non voglio procedere, che me ne vado? Farò la figura della cretina, della bambina paurosa, dell'immatura. E allora? Non me ne frega niente di quello che questo tizio pensa di me, voglio solo andarmene a casa e abbracciare il mio ragazzo... semmai ne avessi uno, in realtà sono più sola di un arbitro in mezzo al campo. Accidenti accidentaccio. Ma che diavolo ci faccio qui?

"All you need is love... all you need is love..."

Quello che canticchia è un altro, uno che non avevo mai visto prima. Solo questa ci mancava, che mi cantassero una canzone.

"Come va, cara?"
"Be', direi normale."
"Tranquilla, vedrai che bello. Che farai quando avremo finito?"
"Me ne andrò a casa."
Sto per scoppiare a piangere.
"A casa mia."
"Benissimo. Quanti anni hai?"
"Trent... Sta già per...? Sta già per farmi l'anestesia?"
"Te l'ho già fatta, principessa. Sogni d'oro."

Mi fa male, mi fa tanto male la gola e ho la nausea, come se avessi bevuto quattro cocktail e fumato due canne. Ho voglia di vomitare.

"Come va, cara? Come stai?"

"Male..."

"No, non parlare, non puoi parlare. Ti hanno tolto due bei noduli dalle corde vocali..."

Benissimo, ma se non posso parlare, perché accidenti mi fai una domanda?

"Sono l'infermiera di questo reparto. Ti ho appena messo un analgesico nella flebo per il dolore. Siamo in rianimazione, starai qui per qualche ora finché non ti risveglierai completamente e poi ti sposteremo in stanza. Per qualunque cosa chiamami."

Sì, ti chiamo, certo, con una vuvuzela. Ma se non posso parlare! Questa è proprio una stupida...

"Qui c'è il campanello."

E va bene, la stupida sono io, c'è un campanello.

"Su, mettiti tranquilla."

Sì, tranquillissima, in questo posto orribile. In sala rianimazione ci sono altre persone appena operate. Nel rimbambimento provocato dall'anestesia vedo barelle, flebo di siero e monitor che segnano parametri vitali. Mi sento come un marine che aspetta nell'ospedale da campo che venga qualcuno ad amputargli una gamba. "Salvate il soldato Díaz, per dio!"

Sono qui perché mi si è rovinata la voce a furia di usarla male. Poco a poco ha perso brillantezza, timbro, forza... Il mio amico Juan dice che ultimamente avevo la voce di un contadino dell'Oklahoma e che ridevo come Precious Pupp. Il fatto è che lui butta tutto sul ridere; a me la faccenda non sembrava affatto buffa, la voce è il mio strumento di lavoro, sono un'annunciatrice radiofonica. È come se un calciatore di serie A si facesse male e saltasse un campionato. Ovviamente io non sono un calciatore e non sono neppure in serie A.

Dicono che prima di rimanere definitivamente impigliato nelle maglie dell'anestesia ti conviene pensare a qualcosa di bello, concentrarti su un'immagine piacevole o su un bel ricordo, perché da questo dipende che il tuo risveglio sia più o meno traumatico. Perciò quando l'anestesista cantante mi ha avvertito che ero sul punto di uscire dal mondo cosciente, ho cercato di tornare di corsa a qualcuna delle mie migliori notti di lussuria e sfrenatezza – sì, qualcuna c'è stata – ma niente, non ci sono riuscita, il mio ultimo pensiero è stato per il lavoro, mi sono addormentata in preda all'ansia pensando a come faranno a cavarsela senza di me in questi giorni di convalescenza. Io mi accollo moltissimo lavoro... Per questo sto così male, di sicuro: penso alla radio e inizio a sudare...

Che ore saranno adesso? Be', in fondo non importa, non c'è fretta, per la prima volta dopo molto tempo non devo correre da nessuna parte. Solo aspettare, aspettare che mi passino questo mal di gola, il freddo e la nausea. Non sono mai stata così inattiva di lunedì mattina, peccato che il corpo non mi permetta di godermi questo momento di relax, è una caratteristica di noi che siamo nati quasi poveri, ci costa goderci la vita senza rimorsi.

Adesso dovrei essere in radio, a registrare annunci pubblicitari di negozi di mobili e cliniche per dimagrire. A dire per l'ennesima volta: "Non vorrai mica perdertelo?", "Cosa aspetti? Chiamaci!", con quel rompiscatole del mio collega di microfono attaccato a me, che racconta barzellette che non fanno ridere e, dall'altra parte del vetro, Paco, il tecnico del suono, con quell'espressione depressa che non perderebbe neanche se vincesse alla lotteria.

Paco è bravissimo nel suo lavoro, fa meraviglie con il mixer e ha un ottimo gusto nel montaggio audio. Ma dove non ha rivali è nell'arte di rattristare il resto del mondo con quell'energia negativa che emana; stare cinque minuti con lui significa rivedere tutta la tua esistenza e prendere in considerazione varie opzioni di suicidio.

Paco è un bravo ragazzo, ma io cerco di evitarlo per la mia salute mentale. Mi dà la sensazione che mi tolga la voglia di vivere. Certo, quando non posso fare altro che stare con lui, cerco di essere affettuosa e premurosa. Un maestro saggio, esperto in questioni radiofoniche, mi ha insegnato che non conviene inimicarsi i tecnici del suono, da loro dipende che il tuo programma, il tuo reportage o qualunque altro lavoro tu faccia, venga bene o che, al contrario, sia un disastro. Sei nelle loro mani e loro lo sanno.

In parte capisco la sua apatia. Sono troppi anni che fa la stessa cosa, ogni giorno si svolge secondo la routine identica di quello prima, e lui non ha più paura di sbagliare, non aspira a cambiare mansione e, soprattutto, ha perso la voglia di imparare, o forse qualcuno gliel'ha rubata. Il suo lavoro non lo motiva più e riempie questo vuoto ripassando senza posa il contratto collettivo, cercando tra le sue pagine la copertura per reclamare quell'aumento che gli negano o gli straordinari che gli devono.

A volte lo guardo e mi angoscio; io non voglio essere Paco, non voglio morire lentamente di noia in uno studio radiofonico, con la faccia da bulldog francese, guardando l'orologio ogni dieci minuti, come se quel gesto potesse anticipare il momento di andarsene a casa. Se divento come Paco, prendo un fucile, entro in una paninoteca e faccio un *Bowling a Columbine* alla madrilena, mi conosco troppo bene.

Il mio problema è che sono troppo romantica e un po' "tontolona" – come mi diceva Jaime, il mio ultimo ex, sì insomma, il penultimo, l'ultimo ragazzo normale con cui sono stata prima di Roberto. Mi succede in tutti gli aspetti della vita, quando amo qualcosa o qualcuno non so proteggermi e, ovviamente, mi fregano. È quel che mi succede con la radio, sono così innamorata di questo mezzo che ho sopportato tutti i sacrifici immaginabili per poterci entrare. A volte mi sono sentita così ingiustamente maltrattata che ho accarezzato l'idea di sporgere denuncia per ottenere un'ordinanza di allontanamento dal microfono. Alla fine, però, ho sempre preferito rimanere.

In parte sono felice di avere questa specie di sindrome di Stoccolma; dimostra che non ho perso del tutto la passione e questo mi aiuta a sopportare i momentacci. Per quanto sia scottata, sento ancora nel corpo la scarica della "microfonina", come un collega annunciatore chiamava gli effetti che produceva la radio in noi che la amiamo.

Ricordo il giorno in cui me lo disse per la prima volta. Arrivai all'emittente mezza morta, con trentanove di febbre. Come se non bastasse, all'epoca lavoravo in un programma notturno, cioè mi toccava essere attiva nelle ore in cui se si è influenzati si è un vero e proprio straccio e si desidera solo un letto per sudare e battere i denti, crogiolandosi nel proprio dolore.

Quando finì il programma, miracolosamente, mi sentivo molto meglio e lo raccontai al mio collega piuttosto sorpresa. Lui mi guardò con un certo disprezzo, come se io fossi l'unica in tutto il pianeta a ignorare un fatto scientifico: "Ovvio, Carla, è la microfonina, ha degli effetti terapeutici". E avviò il motorino.

E così sono sempre qui, nella radio del mio amore-odio, sgobbando a cottimo e senza ottenere il minimo incentivo, neanche il più piccolo riconoscimento, né un solo indizio per sapere se i capi pensano che ciò che faccio sia ben fatto. Sono parte dell'arredamento, come la pianta all'ingresso, ho il complesso del ficus, faccio parte di quest'emittente, punto e basta.

Molti lavoratori considerano addirittura una famiglia l'azienda in cui vivono, prima di tornare a dormire nel posto in cui hanno un letto e, a volte, una famiglia vera. Normalmente, usano questa denominazione per criticarla: "Quello che succede in questa famiglia non succede da nessun'altra parte", "sai benissimo come vanno le cose in famiglia", "non possono mandarti via, tu fai parte di questa famiglia". Quest'ultima affermazione è vera, almeno fino a oggi: in "questa famiglia" ho vissuto molti momenti in cui ho visto la mia sopravvivenza in pericolo, eppure non mi hanno mai licenziata, sono sempre stati altri a dover attraversare un momento così difficile e io quella che diceva loro addio, come una dama del diciannovesimo secolo, agitando il fazzoletto dal porto mentre loro si allontanavano, uno dopo l'altro, come transatlantici alla deriva.

In qualche momento di euforia irrazionale, ho pensato che non venivo mandata via perché ero brava, che non potevano fare a meno di me perché ero la più ganza di tutti. Con gli anni ho smesso di credere a questa sciocchezza e ho accettato la realtà, nel momento in cui iniziavo a dubitare del mio valore professionale. Alla fine ho capito che mi tenevano non perché ero brava, ma perché costavo poco. Questo succede anche in amore, alcune persone non stanno con te perché ti amano davvero, ma per quanto risulta loro comoda la vita al tuo fianco.

"Come stai, tesoro?"

"Be'..."

"No, non mi dire niente, non puoi parlare. E starai così sei settimane, il dottore dovrebbe già avertelo detto."

Sì, me lo ha già detto. Il signore attraente con la voce seducente e le belle mani, quello che poco fa mi ha infilato un tubo nella laringe e ha fatto chissà cosa con le mie corde vocali, me lo ha detto tutto soddisfatto: "Per sei settimane dovrai rispettare un riposo vocale professionale e, se riesci a farlo totale, meglio ancora. Se vuoi continuare a vivere della tua voce, Carla, dovrai prendertene cura".

Sei settimane senza parlare. Io. È come chiedere a una cavalletta di stare ferma. Non ce la farò, non sarò in grado di stare zitta per tanto tempo. Noi che lavoriamo in radio abbiamo la fobia del silenzio, proviamo una vertigine davanti al vuoto delle pause: è uno degli effetti collaterali della professione. Io però soffrivo di questo male già prima di lavorare qui, ho sempre qualcosa da dire, dubbi da esporre, ho la necessità di riempire tutto di parole per non avere paura. Sì, mi stressa il silenzio, è il rumore che mi rilassa, e il ginseng mi fa venire sonno e la valeriana mi tiene sveglia. Sono una di quelle persone a cui gli stimolanti e i calmanti fanno l'effetto contrario, una stranezza di mia nonna, l'ho ereditata da lei, come le unghie striate.

E se non torno mai più a parlare? E se mi è cambiato il tono? E se si scopre che questo tizio mi ha lasciato la voce in falsetto? Mi cacceranno dall'emittente, mi ritroverò in mezzo a una strada. In fondo, è quello che voglio da un bel po', che mi buttino fuori una volta per tutte, che qualcuno mi obblighi a cambiare scenario visto che io non mi azzardo, ma non me lo posso permettere, non adesso, la situazione è drammatica, il panorama lavorativo è desolante e io ho un'età del cavolo per cercare lavoro. Se mi va bene potrei trovare un posto da annunciatrice in un bingo. "Il cinque..."

No, io voglio andarmene perché dall'esterno mi offrono qualcosa di meglio. Voglio che salti fuori un'occasione, la mia occasione, quella che ho tanto sognato, me la merito, me la sono sudata, accidenti. Voglio un lieto fine all'americana, che venga il mio Richard Gere e mi porti fuori dall'emittente in braccio, come in *Ufficiale e gentiluomo*. Un capo o una capa che creda in me, che voglia puntare su di me, che mi valorizzi, che mi dia l'opportunità di dimostrare che valgo di più, che mi faccia sentire che gli sforzi di tutti questi anni sono serviti a qualcosa. E a quel punto quelli che comandano "in famiglia" si renderanno conto della cavolata che hanno fatto, cercheranno di trattenermi, lotteranno per me, mi faranno una controproposta, ma sarà troppo tardi... Uff, al solo pensiero mi accaloro.

Certo, però, se sono loro che mi mandano via, se mi licenziano perché la mia voce non è più la stessa, se va a finire che mi mettono all'angolo, non rialzerò mai più la testa. Se mi succede una cosa del genere, che Dio mi sia testimone, non perdonerò mai il dottore con la voce e le mani da urlo. Morirò e gli comparirò in sogno ogni notte, lo mortificherò con la mia voce in falsetto: "Mi hai rovinato le corde vocali, signorino".

No, no, questo non succederà. Débora, la mia estetista, dice sempre che bisogna visualizzare il bene perché si verifichi, che non bisogna mai fare brutti pensieri sul futuro, che bisogna disegnare nella propria mente le cose positive, ciò che si vuole, è la legge dell'attrazione o non so che accidenti avrà letto in uno di quei libracci di autoaiuto che, secondo lei, sono incredibili. "Incredibili, tesoro, dammi retta, che poi succede eh, io ho visualizzato una scopata con il pompiere che viene a tagliarsi i capelli da noi e me lo sono fatto. Due volte."

E allora forza, devo visualizzare sei meravigliose settimane di silenzio, in cui mi prendo cura di me e mi riposo, come ordina l'affascinante eminenza dell'otorinolaringoiatria, perché mi venga la voce di Ella Fitzgerald. Tra l'altro ha il suo perché comunicare attraverso la scrittura. A papà sarebbe piaciuto che io scrivessi, lui leggeva tanto... Magari trovo il coraggio di provarci... Ti immagini se divento una blogger? Ma dai, io non ho il tempo per queste cose...

Cacchio, che sfiga, sei settimane senza parlare, impazzirò. Quante ne ho passate negli ultimi due anni: mio fratello, il lavoro, Roberto, che sfilza di cose orribili... quando finirà?

Juan è passato a prendermi in ospedale. Ho convinto mia madre a non venire perché non avrebbe fatto altro che tempestarmi di domande e io non posso rispondere, sono inabile alla vita orale, almeno per quanto concerne il parlare, del "resto" non so niente, mi avrebbe fatto vergognare moltissimo chiedere al dottore se esiste qualche effetto collaterale al riguardo... non credo, no? Le corde vocali non sono così in vista, e poi io non sono la mangiafuoco del circo, non bisogna neppure attribuirsi meriti sessuali inesistenti. Tra l'altro, non saprei con chi...

No, no, mia madre in ospedale che mi fa in continuazione domande non è quello che mi serve in un momento del genere, molto meglio Juan. È venuto perché gliel'ho chiesto e perché lui c'è sempre quando ne ho bisogno. Siamo amici dall'università, abbiamo vissuto quasi mezza vita insieme, lui mi aiuta a fare i traslochi, mi consola quando qualche disgraziato mi spezza il cuore e mi trascina a casa se mi ubriaco a una festa. Juan è il tipico amico gay, solo... che non è gay, anzi l'esatto opposto. Se qualcuno cercasse un uomo come immagine del "marchio eterosessualità", sarebbe lui, trionfa dentro e fuori dalle nostre frontiere.

Juan ha una lista di donne più lunga di quella di Julio Iglesias e tutte lo amano, anche se le fa disperare con il suo egoismo, le inganna e, alla fine, le abbandona. È la classica canaglia a cui tutti perdonano tutto: non è il più bello, non è il più alto, non è pieno di soldi, ma ha un fascino fuori dal comune. Io gli voglio molto bene, ma, se stessimo insieme, finiremmo come nella *Guerra dei Roses*, tutti e due appesi a un lampadario dell'Ikea.

"Tieni, io ti porto il necessaire. Che occhiaie hai, sembri una di quelle vampire di *Twilight*. Mi vuoi mordere?"

Se potessi parlare, gli direi: "Sei un imbecille", ma mi sono limitata a fare la faccia: "Juan, sei un imbecille" e mi ha capito. Troppo tempo insieme: Juan sa quello che penso, a volte probabilmente addirittura meglio di me.

Appena saliamo in macchina, accende la radio e parte un annuncio pubblicitario che ho registrato io.

"Guarda, Carla, questa eri tu quando avevi la voce! Com'eri sexy... Mmm."

Questa volta ho fatto la faccia: "Juan, sei un coglione". Sa quanta paura ho di perdere la voce, che è imprescindibile per il mio lavoro. Non ha potuto vedere la smorfia che gli ho dedicato perché è intento a guidare, ma di sicuro l'ha intuita, perché mi ha dato un pizzicotto sulla coscia.

A Juanito piace prendermi in giro, farmi incavolare e poi farmi una carezza, è il suo modo di sdrammatizzare gli argomenti spinosi, di dimostrarmi che non c'è problema, che alla fine andrà tutto bene. Sa che con me può farlo, che non mi arrabbio mai veramente con lui. Per questo sono la sua favorita, l'unica donna al mondo che non gli chiede conto, che non gli rinfaccia niente, che non vuole essere la sua compagna neanche per sogno.

Juan sa benissimo quanto sono disgustata per la mia situazione alla radio; lui ha seguito i miei passi fin dall'università, sa che sono un'ostinata inseguitrice di sogni e che ho sputato sangue per salire ogni gradino, anche se, a dire la verità, non sono arrivata molto in alto. Lui, più di chiunque altro, conosce il mio percorso pieno di ostacoli e il mio amore incondizionato per questo lavoro che mi dà e mi toglie la vita, in un due per uno.

Mi dice sempre che sono come una falena capace di sbattere mille volte contro una lampadina cercando la luce, lui col cavolo che sarebbe riuscito a sopportare tanto. E anche che sono un'"ansiosa", "perennemente angosciata"; Juan dice che passo la vita a soffrire ben oltre le mie possibilità e che l'unico beneficio che traggo da questo martirio inutile è che non ingrasso nonostante mi piaccia mangiare. In fondo, però, mi rispetta e mi apprezza, sa quanti sforzi ho fatto per ottenere ciò che ho.

È curioso, però, che per quanto io gestisca male la mia vita professionale sia la sua migliore consigliera nelle questioni di lavoro, e dire che lui è un vero vincente nel suo, un asso della pubblicità. Be', in fondo si sa, quasi tutti siamo bravissimi a mettere a posto la vita degli altri e a incasinare la nostra.

"Forza principessa. Ci siamo. Salgo con te?"

L'ho guardato con un'espressione che diceva: "Te ne supplico, Juan". Io so che ha una certa apprensione a salire a casa mia da quando ci è successo quello che è successo e lo evita ogni volta che può, ma oggi non può inventarsi niente, al suo fianco ha uno straccio, un pezzo di carne che trasuda ancora anestesia da tutti i pori e che può finire lunga distesa a terra da un momento all'altro, senza poter gridare per chiedere aiuto. Un vero e proprio dramma.

Mia madre arriverà subito con i suoi tupperware, le sue mille storie da raccontarmi e altrettanti ordini da darmi, e poi arriverà Marián, appena avrà finito di lavorare. Mi ha promesso che dormirà con me almeno oggi. Perciò rimarrò sola per un po' e ne ho anche voglia, ma prima ho bisogno che Juan mi lasci sistemata sul divano, sana e salva.

"Caspita, è già qui, che faccia da uccellino che ha."

È Matías, il portiere, esperto nell'esprimere ad alta voce giudizi di valore sul vicinato. Non volevo raccontargli niente perché non mi entusiasma l'idea di dargli spiegazioni e perché so che metterà al corrente tutto il condominio, ma mia madre si è premurata di dirglielo quando stavamo andando in ospedale, perciò mi aspettano giorni e giorni in cui dovrò sopportare i suoi interrogatori davanti al portone. Che giornalista nato si è perso il mondo.

"Come sta, Carla? Le fa male qualcosa?"

"Sta benissimo, ma non può parlare," risponde Juan per me, che sto facendo una faccia che dice: "Quando arriva quest'accidenti di ascensore!".

"Una bella donna che non può parlare, il paradiso!"

"Ah ah, come no." Juan ride alla battutaccia di pessimo gusto del guardiano delle segrete del palazzo. Dello stesso traditore che, l'estate scorsa, voleva farsi dare trecento euro per salire a dare da mangiare al gatto per due settimane. Al diavolo, bisognava versare soltanto quattro croccantini nella ciotola e cambiare l'acqua, non gli avevo mica chiesto di preparargli la *bouillabaisse* e di imboccarlo con le posate. L'ascensore viene e ci salva, me da un'altra battuta sul mio momento Harpo Marx e il portiere dall'essere mandato a quel paese con il mio linguaggio corporeo, è una cosa facile da fare a gesti e da capire e io potrei sempre giustificarmi dicendo che gli effetti dell'anestesia mi hanno confuso...

Apro la porta di casa e Viggo esce a salutarci. Viggo è il mio gatto, si chiama così perché me lo ha regalato Nacho, un tizio con cui ebbi una storiella e che era uguale a Viggo Mortensen, sì insomma, questo diceva lui e io arrivai a vedere la stessa cosa perché mi innamorai perdutamente, in modo del tutto irrazionale; inutile dire che finii per credere a cose ancora più inverosimili nel periodo in cui stetti con lui.

Dopo sei mesi che mi aveva lasciato, quando mi passò il dispiacere dell'abbandono, capii che Nacho, di Alatriste, aveva soltanto la tristezza e che mi ero salvata dal rovinarmi il resto dei miei giorni con un uomo così strano. Peccato che ci costi tanto tempo e tante lacrime arrivare a vedere la verità quando ci acceca l'amore, questa sì che è un'anestesia potente e non la si espelle né facendo pipì né vomitando.

Viggo mi si struscia contro le gambe e mi lascia i pantaloni pieni di peli; glielo perdono perché ognuno esprime l'amore come sa e lui è un gatto, non può cantarmi di certo una ballata sdolcinata di Michael Bolton.

"Ti lascio la valigia e il necessaire nella tua stanza? Vuoi che ti prepari qualcosa, una camomilla? A che ora viene tua madre? Te la senti di rimanere un pochino da sola? Ho una riunione in agenzia, tra mezz'ora. Cacchio, non puoi parlare, scusami."

Adesso ho fatto una faccia per dire: "Bravo, Juan, finalmente ci sei arrivato".

"Sai di cosa hai bisogno? Di una lavagna per poter comunicare."

Allungo la mano verso il tavolinetto che ho davanti al divano e mostro a Juan il mio nuovo strumento di comunicazione. È bianca, con il bordo verde. Ha un grosso pennarello infilato in un binario di plastica e una pezzolina azzurra, come quelle per pulire le lenti degli occhiali, per cancellare.

"Ma dai, ce l'hai già. Che grande, ti sei comprata la lavagnetta Velleda! Ah ah... Forza, inaugurala, dimmi qualcosa..."

NON HO VOGLIA DI SCRIVERE, HO LA NAUSEA.

"Ora sì che ti riconosco, incantevole anche per iscritto... E va bene, hai ragione, sono pesante. Tu sei sfinita. Dammi un abbraccio, stai tranquilla, principessa, vedrai che andrà tutto bene."

Juan è unico in fatto di abbracci. Qualche tempo fa eravamo insieme a un concerto di Silvia Pérez Cruz e l'artista ha presentato una delle sue canzoni, *Iglesias*, dicendo che la dedicava a un suo amico che abbracciava benissimo; io ho sussurrato all'orecchio a Juan: "Hai visto, come te", e lui mi ha stretto la mano.

Stretta a Juan mi sento sicura e piena di fiducia. Non so da cosa dipende, ma ti fa venire voglia di restare a vivere tra le sue braccia, anche se nessuna delle sue conquiste ci è mai riuscita. Ed è ovvio: il fatto è che lui preferisce vivere tra le loro gambe per un po' e poi basta. Credo che il suo record in un rapporto sia di un anno, con Vicky.

Quella volta fu Juan a essere lasciato e ne rimase molto scottato, io non lo avevo mai visto così. Gli stetti vicino e lo consolai a dovere, ma devo riconoscere che, in fondo, ne fui felice. In parte perché, per una volta, non ero io l'anima in pena e anche perché mi sembrava salutare che con Vicky provasse la sua stessa medicina, era una specie di vendetta collettiva, una forma di giustizia poetica per tanti cuscini bagnati di lacrime e sporcati di mascara per colpa sua.

"Bene, bellezza, me ne vado. Per qualsiasi cosa chiamami. Scusa, scusa, mi mandi un whatsapp. Accendi un po' la televisione, se ti addormenti meglio ancora, ti fa bene riposarti. Un bacio."

Juan se ne va e Viggo lo accompagna fino alla porta. È un gatto molto educato con gli ospiti, o forse vuole andarsene di casa e per questo si avvia sempre verso l'uscita, non lo so.

E va bene, sono rimasta sola. Sola con la mia nausea e la lavagna che ha già la sua prima frase: "NON HO VOGLIA DI SCRIVERE, HO LA NAUSEA". Iniziamo bene la storia di un mutismo.

Ho dato ascolto a Juan e ho acceso il televisore per distrarmi. Nel mio zapping, quasi da sonnambula, mi sono fermata su un canale che sta trasmettendo il telegiornale per sapere cos'è successo nel mondo durante il mio letargo da sala operatoria, ed eccoli lì, che parlano del solito argomento, ultimamente non ce n'è un altro: crisi e banche.

La crisi si è trasformata nel centro delle nostre vite. La crisi, la corruzione e le banche. Quelle che ci promettevano la vita che volevamo condurre in cambio di anni di fatiche sotto forma di interessi. Adesso, quando tutto traballa, quando abbiamo scoperto che ci hanno raccontato una favola e noi ce la siamo bevuta tutta, ci tocca continuare a pagare. È a loro che hanno concesso un'iniezione di aiuti, che si traduce in perdite per noi.

Dire banca, al giorno d'oggi, è dire una parola che suona male, molto male, e mi fa un po' di rabbia perché a me... a me piacciono le banche.

Non so, sarà perché ho un ricordo dolce dell'infanzia. Di sabato mattina andavo in banca con i miei genitori e mi sembrava fighissimo. Bisogna ammettere che, quando sei piccolo, qualsiasi sciocchezza ti sembra fighissima. La maggior parte delle cose che vedi ti meraviglia e hai un superpotere che ti permette di credere a tutto, per quanto risulti inverosimile.

Quando io e le mie amiche giocavamo ai negozi, eravamo tutte convintissime che le foglie di castagno fossero bistecche, e le pietre di varie dimensioni soldi. Naturalmente anche i miei genitori, che erano adulti, pensavano che le banconote che mettevano in banca fossero in buone mani, e guardate com'è andata a finire, benedetta innocenza.

Mi piaceva andare in banca perché era sabato e non si andava a scuola, perché lì mi davano le caramelle e perché la ragazza mora allo sportello aveva le unghie laccate di rosso con la cuticola bianco perla, come diceva mia nonna, e io restavo estasiata vedendo come muoveva le dita quando contava le banconote. Sognavo che un giorno, quando fossi diventata grande, avrei lavorato in una banca come quella e avrei contato le banconote muovendo molto le mie unghie rosse. O altrimenti in una profumeria, avvolgendo pacchetti nella carta azzurra con i disegni dorati e facendo ghirigori con le dita... con le mie unghie rosse, ovviamente.

Come ti cambia la vita, adesso ci entro a stento in banca, forse l'ultima volta che ci sono andata è stata la mattina in cui ho firmato il mutuo – cosa dovevo aver bevuto quel giorno! – e faccio ghirigori con le dita ma battendo sui tasti di un computer, con le unghie corte. E niente rosso, ma color porcellana, come quelle di una morta.

Delle banche, che custodiscono o perdono i nostri soldi, mi piacciono solo gli spazi antistanti, dove di solito ci sono delle belle panchine di legno con le zampe di ferro. Perché su quelle panchine ho vissuto alcuni dei momenti più emozionanti della mia vita: le confidenze e le risate con le amiche; i primi flirt con i ragazzi – che si sedevano sulla spalliera per fare i fighi; quello che sceglieva il sedile era il più insulso della classe o era gay, anche se ancora non lo sapeva; e i primi baci, sì insomma, più che baci slinguate.

Riconosco che ancora oggi il posto in cui mi piace di più aspettare qualcuno è su una panchina, come Penelope. Perché non sembra che tu stia aspettando, si direbbe che sei seduta lì perché ne hai voglia e perché sei stata sveglia e sei stata la prima a prendere posto. E ti senti padrona della panchina vedendo che i passanti ti osservano con una certa ammirazione e un po' di invidia. Ci sono persone che sembrano addirittura leggermente intimidite dalla tua presenza e, per quanto abbiano i piedi più gonfi di quelli di uno hobbit, non osano condividere la panchina con te, che sei la capoccia della panchina, la regina di quel pezzo di legno. Che poi magari tu sei sola come un cane o triste come un cantautore e daresti qualunque cosa purché qualcuno si sedesse accanto a te e ti dicesse che andrà tutto bene, ma non si nota e, in un certo senso, ti fa sentire sicura che nessuno immagini che non sei così forte come appari. Non conviene far trapelare indizi.

Di tutte le panchine, quelle che mi piacciono di più sono quelle che guardano il mare. I comuni dovrebbero farsi pagare per l'uso di quelle sedute "con vista". Ah, no, che dico, che già si fanno pagare, che già paghiamo le nostre tasse per quelle panchine! E invece per le banche, paghiamo riscatti, visto che ci tengono sequestrati... Mi immagino già il direttore della mia filiale che manda un orecchio a mia madre perché paghi per la mia liberazione. Per questo, ultimamente, mi metto gli orecchini, così quando glielo porteranno in una busta, saprà che l'orecchio è il mio.

Mi piacciono molti tipi di banche... e anche i banchi, come quelli di pesci, che mi sembrano finti, coreografie così perfette che neppure il governo cinese, dando una frusta a ogni allenatore, riuscirebbe a superare. Poi ci sono le banche del sangue, che scongiurano morti in cambio di un panino e una coca-cola; le banche del seme, che possono trasformare un sogno in realtà – per quanto il modo in cui viene ottenuto il prodotto sia poco romantico e affatto poetico. E quelle degli organi, che regalano la vita.

Io ai signori dell'Accademia della Lingua, con tutto il rispetto che ho per loro, farei una richiesta formale e, se è necessario, promuoverò una petizione con raccolta di firme perché per una volta facessimo le persone serie e smettessimo di chiamare banco o banca qualunque cosa.

Rumore di chiavi nella serratura, deve essere mia madre.

"Carlita!"

Sì, è lei.

"Come stai, tesoro? Che fai davanti alla televisione? Perché non sei a letto? Hai mangiato qualcosa? Ti ho portato il brodo. Perché non mi hai detto che eri sola? E se ti viene un giramento di testa mentre sei sola? Metto il brodo in frigorifero o te lo riscaldo un po' e lo prendi adesso?"

Sono bloccata, con la lavagna in mano, senza sapere a quale di tutte queste domande rispondere per prima.

"Stai bene?"

Credo che finalmente mia madre abbia deciso di prendere fiato per respirare. È la mia occasione. Cancello la prima parte del messaggio che ho scritto a Juan e rispondo.

BENE, MAMMA, HO UN PO' DI NAUSEA.

"Cosa c'è scritto lì, nausea?"

SÌ.

"Oh, signore!"

È NORMALE.

"E ti fa male qualcosa?"

UN POCHINO LA GOLA.

"Cosa? Quella è una o oppure una a? E quell'altra...? Non ti capisco, tesoro mio, non scrivere così in fretta!"

LA GO-LA.

"Accipicchia. Perché non ti metti a letto? Ti hanno dato un antidolorifico da prendere a casa, Novalgina o qualcosa del genere?"

SÌ, DEVO PRENDERLO TRA UN PO'.

"E il brodo non lo vuoi?"

NO.

Cancello e proseguo.

NON VOGLIO IL BRODO.

Cancello e riscrivo.

VOGLIO STARE TRANQUILLA, MAMMA.

Cancello, scrivo e sottolineo.

TRAN-QUIL-LA.

"E va bene, tesoro, allora mettiti tranquilla e non scrivere tanto se hai la nausea. Guarda, inizia il quiz. Alza un po', anzi no, che hai la nausea, riposati, chiudi gli occhi. Quel ragazzo di Siviglia è fortissimo, è lì da tre settimane, stai a vedere che si porta via il montepremi."

Chiudo gli occhi e mia madre va avanti instancabile con il suo discorso. Poverina, mi viene a trovare e non l'ascolto neppure, anzi sono stata anche un po' brusca, lei viene a farmi compagnia e io... Il fatto è che a volte mi esaspera, come oggi, in questa situazione, con la lavagnetta in mano. Se già risulta difficile comunicare con una madre parlando... Non lo so, forse sono troppo stressata, devo starci attenta.

"Dai, dai, hai ancora dieci secondi, forza che lo vinci di nuovo!"

Sentire la voce di mia madre con la televisione in sottofondo è una specie di ninnananna familiare che mi tranquillizza, mi sento sicura con questa colonna sonora così conosciuta. Fiduciosa e protetta, come quando Marián mi dà consigli interminabili al telefono, come quando Juan mi abbraccia.

In questo momento non ho voce, ho un lavoro che mi affossa e un uomo che non mi ama che sto cercando di smettere di amare e di dimenticare per sempre. Mio fratello è morto due anni fa e ancora non sono riuscita ad accettarlo. Però ho mia madre, Juan, Marián. Intorno a me ci sono tante persone che mi vogliono bene. Perché non lo vedo? Che io abbia bisogno degli occhiali da presbite?

Noi esseri umani siamo così, un po' stupidi, a volte non facciamo caso a quello che abbiamo davanti. È così vicino che non lo vedi. E devi prendere distanza, fare qualche passo indietro e guardarlo da un altro punto di vista, con altri occhi, come se lo facessi per la prima volta.

Un giorno vennero a visitare Madrid dei miei amici: Maritza, inglese, e Warren, neozelandese. La mia missione era di mostrare loro i miei angoli preferiti in poche ore, per quello che si può vedere in una giornata intensa passata a camminare, cercando di fare in modo che loro non si perdessero quelle cose che rendono la mia città un posto speciale che adoro, nonostante i suoi difetti; nessuno è perfetto e Madrid non fa eccezione.

Ci incontrammo a Plaza de la Independencia e passeggiammo sotto la pioggia fino al palazzo del Parlamento, in ristrutturazione, come una metafora di tutto quello che ci tocca cambiare. Attraversammo il Quartiere delle Lettere, la Plaza de Santa Ana, Chueca e, dopo aver preso un gin tonic al Gran Café de Gijón, cenammo in un ristorante della Gran Vía e facemmo insieme il bilancio della giornata.

Arrivai a casa con la sensazione di aver riscoperto Madrid, la mia Madrid, quella che sono solita girare tanto a piedi. Perché essere stata testimone della fascinazione dei miei ospiti per la mia città mi contagiò e sentii che mi stavo innamorando di nuovo, con l'intensità dei primi incontri.

A volte non fai caso a quello che hai davanti. Ti è così vicino che non lo vedi. Ci succede con tutto, con le persone a cui vogliamo bene, con il nostro lavoro, con un cappotto che ti ha fatto innamorare quando lo hai comprato e che oggi è solo un vecchio conoscente, comodo e confortevole, ma per niente sorprendente. E un giorno lo vedi che abbraccia il corpo di un'amica e ti sembra straordinario, perché non ha mai smesso di esserlo, sei stata tu che hai smesso di guardarlo in un certo modo, o il passare del tempo, che è l'assassino dell'entusiasmo.

Di tanto in tanto conviene fermarsi, passare dall'altro lato della strada e vedere la nostra vita, noi stessi, da un'altra prospettiva, per notare tutto, per ricominciare a sentire, per lasciarci sedurre di nuovo come quel primo giorno in cui abbiamo aperto ciò che il destino ci offriva come un regalo, scartando con un certo tremore delle mani la carta lucida e provando l'emozione di sentire che quello che tanto desideravamo era finalmente nostro.

Faccio appena in tempo a salutare la mamma, che dalla serratura della mia porta viene un altro rumore.

"Ciao, amore! Come sta la mia piccoletta?"

COME MI VEDI. ECCOMI QUI.

Marián è entrata con la sua chiave, sapevo che era lei dal rumore dei tacchi. Riconoscerei i passi di Marián in mezzo alla sfilata delle Forze Armate. Da un po' di tempo ha ricominciato a battere i piedi.

"Ah, che carina con la lavagnetta! Mi fai morire. E quella faccetta? Non ti senti bene?"

NO. UN PO' TRISTE. NON LO SO.

"Un po' triste? Bah. Tesoro, almeno ti sei tolta il pensiero. Pensa alla strizza che avevi. È andata. Ormai è passata. Adesso pensa a rimetterti e ad approfittare di questo periodo di riposo come se fossi ricoverata in una clinica di bellezza per un trattamento completo; startene un po' ferma sarà bello da paura."

GIÀ.

"Chi ti ha accompagnato a casa, tua madre?"

NO. JUAN.

"Che tesoro. Siete fatti l'uno per l'altra. Siete unici."

GIÀ.

"Dovreste mettervi insieme."

QUANTO SEI PESANTE.
TRA L'ALTRO
HO CHIUSO CON GLI UOMINI.
NON VOGLIO UN FIDANZATO.
È FINITA. PER SEMPRE.

"Ah, benissimo. Finalmente ti sei decisa a entrare in convento? Ottimo, così ti puoi far crescere i baffi."

AH AH.

"Carla. La storia con Roberto è successa mesi fa. Ormai è finita."

GIÀ.

"Bisogna accettarlo, ho esperienza in fatto di abbandoni, te lo ricordi? E sappiamo tutte e due che è stata la cosa migliore, quello lì non serviva a niente nella tua vita e va bene, sì, a distruggertela. Non puoi provare nostalgia per aver perso qualcosa di così dannoso."

NON È SOLO QUESTO. È TUTTO.

"Tutto?"

IL LAVORO. LA SOLITUDINE. LA SITUAZIONE DEL PAESE.

"Olé, che allegria! E hai dimenticato di dire che hai perso gli occhiali da sole... Vediamo. Andiamo con ordine: hai un lavoro e molta gente al giorno d'oggi non può dire lo stesso. Ti piace, è quello che hai sempre voluto fare."

NON ESATTAMENTE.

"Lo so. Ti piacerebbe avere un progetto tutto tuo, smettere di registrare pubblicità e di fare il tappabuchi in diversi programmi. Sai? A me piacerebbe scrivere la sceneggiatura di *The Wire*, e invece scrivo porcherie varie. Però scrivo. Potrei raccogliere fragole oppure fare la casellante sperduta in mezzo all'autostrada o essere disoccupata, come la maggior parte dei nostri amici. Carla, tu non sei riuscita a realizzare il tuo sogno così come lo avevi concepito, ma fai quello che hai sempre voluto fare: vivere di radio. Sii giusta, non puoi deprimerti per questo."

GIÀ.

"Punto due: quale solitudine? Sei circondata di persone che ti vogliono bene. D'accordo, non hai un compagno. E allora? Ricordati che una volta la ministra della Salute ha detto che la mancanza di un uomo non è un problema medico. Un giorno ce l'avrai, oppure no, fa lo stesso, un uomo non dà e non toglie senso alla tua vita. Ne hai avuti molti, dovresti saperlo."

ROBERTO MI HA ROVINATA.

"Roberto ti ha tolto l'autostima. Adesso però te la stai togliendo da sola. Crogiolandoti nel tuo dolore, come ho fatto io finché non ho aperto gli occhi. Nessuno muore per amore, stella. Questo succede solo nei film, come tante altre cose che succedono solo nei film.

"Roberto non ti chiamerà più. Smettila di guardare quel cacchio di telefono con la speranza che ti arrivi un messaggio o una mail. Sono mesi che stai così, non è sano. Devi accettarlo, è dura ma è così. Non ti chiamerà perché non ha bisogno di te, non ha mai avuto bisogno di te, sei stata tu che lo hai voluto credere, ti sei fatta un film che esisteva soltanto nella tua testa, per cui adesso mettici la scritta 'The End' e vai avanti."

TU COME STAI?

“Come un fiore, non mi vedi? Felice. Ho la vita piena di cose, mio figlio, i miei amici, i miei libri e un uomo stupendo che mi fa ridere e con cui il sesso è favoloso. Anzi, ieri sera abbiamo provato una cosa nuova... poi ti racconto.”

NON HA INTENZIONE DI CHIUDERE CON L’ALTRA?

“Ma sei pazza? Che non ti venga neanche in mente di dire una cosa del genere. Perché dovrebbe chiudere con lei?”

SCUSA MA NON LO CAPISCO.

“Sì, Carla, me lo hai detto mille volte. È facilissimo, ma non vuoi capirlo. Ci hanno insegnato che bisogna avere un compagno, e questo significa, in soldoni, rovinarsi la vita accanto a un altro. Costruire un carcere in cui, dopo qualche anno, nessuno dei due vuole stare, ma dal quale non si ha neanche il coraggio di scappare. Se io fossi rimasta con Luca, adesso sarei a quel punto, come mia sorella Paula, come la maggior parte delle coppie stabili che io e te conosciamo.”

NON TUTTE.

“E va bene, non tutte, solo la maggioranza. Hai visto le nostre madri come parlano dei nostri padri? Hai fatto caso al livello di noia che hanno dipinto in faccia tante coppie che si siedono in un bar e non si guardano neppure? Carla, è un vincolo culturale che fin da bambini ci insegnano a percepire come naturale. L’unione, sacrificare i propri sogni per quelli dell’altro, curare il rapporto, annaffiare la pianticella. E dai, cazzo, arriva un momento in cui a furia di annaffiarla la pianticella marcisce.”

NON LO SO.

"Io e Pedro stiamo benissimo. Ci vediamo quando ci va, quando ne abbiamo voglia, quando ce lo chiede il corpo. E poi lui ha la sua vita, con il suo lavoro, i suoi amici e un'altra donna. E anch'io ho la mia vita al di fuori di lui, non c'è 'un altro uomo', ma c'è un bambino che richiede più attenzioni di cinque fidanzati messi insieme e molte cose che mi piacciono e mi riempiono. Io non potrei dargli tutto il mio tempo e non mi va neanche. Perché dovrei pretendere che mi dia l'esclusiva? La verità è che a me queste convenzioni non danno nessun vantaggio, ecco."

Tiro sempre fuori l'argomento con la speranza di trovare una falla nelle argomentazioni di Marián, ma è inutile. Per lei è tutto chiaro come il sole. Mi piacerebbe essere come lei, poter concepire un tipo di rapporto così e non solo concepirlo, ma anche godermelo come fa la mia amica. Ma non lo so, io sono più possessiva in fatto di relazioni, o insicura, o conservatrice, non lo so; credo di no, credo che non mi abituerei mai a una cosa del genere.

Lei, invece, ha scoperto un nuovo modo di amare. Dopo Luca ha avuto molte relazioni occasionali, ma non si è mai innamorata. Con Pedro qualcosa è cambiato, non era uno dei tanti, è entrato nella sua vita per fermarcisi un bel po'. Di sicuro Marián ci è rimasta male quando ha scoperto che aveva un'altra relazione e lo ha anche lasciato per un po', con la speranza, forse, di forzarlo in questo modo a scegliere, ma Pedro non lo ha mai voluto fare ed è stato franco e sincero con lei.

Credo che sia stato questo che alla fine ha fatto capitolare Marián, la sua sincerità. Non c'era niente da nascondere, era un'opzione, diversa da quella della maggior parte delle persone anche se, a essere sinceri, solo in apparenza. Molte coppie hanno una doppia vita, la nascondono e vivono così fino alla fine dicendo una cosa e facendone un'altra. Pedro no. Pedro non l'ha mai ingannata, le ha detto come stavano le cose, le ha spiegato quello che pensava della vita in coppia e lei lo ha accettato. E anche l'altra donna. Sono tre pezzi di un puzzle che si incastrano alla perfezione separatamente.

Ognuno vive a casa sua e si gode la parte che gli tocca dell'altro. È un tacito accordo, una realtà condivisa e accettata da tre persone adulte. Scioccante, certo, ma più onesta di molti altri esempi che conosco. Magari trovassi io una cosa del genere, qualcuno che mi desse una parte del suo tempo, ma sempre la migliore, e magari riuscissi a essere così aperta e sicura come Marián per capire che la presenza di un'altra persona non toglie niente a me.

"E arriviamo al terzo punto." Marián prosegue con la sua perorazione. "La situazione del paese. Be', sì, tesoro, è una rovina, un gran disastro: ci siamo dentro fino al collo e sembra che neppure quelli che ci hanno messo in questo pasticcio sappiano come tirarci fuori. Qui tocca scegliere se deprimersi o lottare. Abbattersi o lavorare per costruire qualcosa di nuovo. Farsi sconfiggere o fare la rivoluzione."

MA DEPRIME E SPAVENTA.

"Certo mia cara, ma la situazione è questa e, sai, in tempo di guerra la gente vive. Credi che a Sarajevo, tra un bombardamento e l'altro, le persone non si innamorassero? Che non s'incazzassero con i loro capi, che non dormissero, che non russassero, che non ridessero per una battuta? Di vita ce n'è una sola e il presente è quello che ci è dato. A te è stato dato questo, spiacente, ti freghi, prendere o lasciare, vivi la vita o ti butti dal balcone. Io, naturalmente, mi tengo ben lontana dai balconi, ho le vertigini. Mi vado a prendere una birra, che mi hai fatta accalorare."

Marián dice birra e io penso al calcio. Cosa darei adesso per vedere una bella partita con lei. Sì, mi piace il calcio da quando ero piccola.

Tra i ricordi più dolci della mia infanzia ci sono quei giorni in cui tornavo a casa dopo aver giocato con le mie amiche e, aprendo la porta, sentivo una voce che arrivava da qualche punto della casa: era quella del telecronista della partita del giorno. A quel punto, come in un rituale, la seguivo fino al salotto. Lì, in penombra, seduti e concentrati sulla palla, c'erano mio padre e mio fratello che condividevano tifo, birra e olive.

Ricordo che la maggior parte delle volte, dopo aver salutato mia madre in cucina, andavo in salotto con loro, con i maschi, mi raggomitolavo sul divano tra loro due e mi sentivo al sicuro. Senza rendermene conto, la cadenza, il tono, la musicalità del telecronista si sono andati trasformando nella colonna sonora di una sensazione, la sensazione che andava tutto bene.

Sono passati molti anni, eppure non ho perso questo sentimento. Tutte le volte che vedo una partita di calcio, qualsiasi cosa succeda alla mia squadra, indipendentemente dal gioco o dal risultato, a parte chi vince e chi perde, sento che le acque sono calme.

Mi piace il calcio, divertirmi, godermelo e soffrire, prendermela con Juan che è del Barça, e sopportare che lui se la prenda con me.

Mi piace che nel fine settimana ci sia una partitona perché lo trasforma in un fine settimana speciale, e mi piace tantissimo godermi una bella partita in un giorno infrasettimanale, perché spunta in mezzo alla routine come una parentesi di felicità tra gli obblighi e le preoccupazioni.

Mi piace il calcio perché assomiglia alla vita. Perché tutti ci sforziamo di raggiungere la porta avversaria sapendo che forse, in qualche occasione, riuscirai a fare in modo che tutti gridino: “Gol!”, ma che la maggior parte delle volte tutto finirà in un: “Uuuh!”. Eppure, continui a giocare. Mi piace perché, anche se vincono quasi sempre le grandi, di tanto in tanto un Davide può asfaltare un Golia e questo è quasi da orgasmo. Mi piace perché credo nel contagio delle energie e mi fa venire la pelle d’oca vedere un sacco di gente che si muove insieme per un unico obiettivo. Mi piace il calcio perché mi piacciono le emozioni ed è evidente che questo sport, con le sue luci e le sue ombre, riesce a risvegliarle.

Ricordo molte partite importanti, ma ce n’è una che, più di ogni altra, non scorderò mai, una di quelle che chiamano una “classica”, un incontro ad alto tasso di rivalità. Io ero euforica e felice e stavo tormentando Juan perché la mia squadra aveva vinto contro la sua quando, improvvisamente, ricevetti una telefonata che cambiò la mia serata in un secondo: era la notizia del peggioramento dello stato di salute di mio padre. Uscii di corsa, con l’inquietudine che ti provoca non sapere cosa ti troverai davanti, con quella sensazione sgradevole per cui ogni metro che ti separa da lui sembra un chilometro e ogni minuto un’ora perché pensi solo ad arrivare. Alla fine la notte ci diede una tregua e un po’ di calma.

Qualcuno nella stanza, credo mio fratello Javi, accese la televisione, a basso volume, con la riproposizione dei gol della giornata, e sentii di nuovo il suono del calcio e, per un attimo, mi sembrò che andasse tutto bene.

SECONDA SETTIMANA

Just a song we shared, I'll hear
Brings memories back when you were here
Of your smiles, your easy laughter
Of your kiss, those moments after.

(Una sola canzone che condividevamo ascolterò / mi ricorda quando eri qui / i tuoi sorrisi, la tua risata disinvolta / i tuoi baci, quei momenti dopo.)

I think of you, Sixto Rodríguez

Sono a casa da quattro giorni, non mi fa male niente, francamente sto bene, mi sembra molto strano non andare a lavorare stando così, senza febbre, senza disturbi... non lo so. Non sono mancata quasi mai al lavoro, sono andata in radio con l'emicrania, con una terribile dismenorrea, con la cistite, con l'influenza, con un principio di colica renale e con insonnia temporanea e ansia – nell'ultimo caso è stato nelle prime fasi dopo la mia separazione da Roberto.

Essere in malattia, senza dolore, mi fa sentire male, ho un peso sulla coscienza, la sensazione che sto truffando l'azienda, mi sento in colpa, come quando marinavo le lezioni all'università. Marián dice che sono stupida, stupida e drogata di lavoro, tutte e due le cose.

"Senti, tesoro, il certificato è inequivocabile: sei settimane di riposo, perciò stai zitta, è quello che ti ha ordinato quell'House che dici che ti piace tanto."

Marián è sostenitrice del principio che con le aziende non bisogna avere troppi riguardi perché, quando loro ti danno un calcio nel sedere, non si preoccupano neanche un po' di come ti arrangerai per continuare a vivere.

"A un'azienda tu vendi il tuo tempo, non la tua anima. Se vogliono comprarti l'anima, che almeno ti diano in cambio l'eterna giovinezza, accidenti a loro!"

Marián parla così perché non ha un capo, lei lavora in casa, è una sceneggiatrice *freelance*, scrive su commissione quello che le chiedono, può preparare copioni per un congresso di medici come per una consegna di premi patrocinata da uno shampoo antiforfora. Sforna sceneggiature una dietro l'altra come se fossero pagnotte – alcune in effetti valgono anche meno di una rosetta – e tira avanti con quello che le danno.

Prima scriveva serie televisive ed era brava. Ha collaborato con varie case di produzione guadagnando con tutte un sacco di soldi. Se ne andava sempre dalla società in cui lavorava perché la chiamavano da un'altra parte dove le offrivano di più. In quegli anni Marián non faceva altro che lavorare, se la contendevano tutti.

Un giorno decise che aveva risparmiato abbastanza da permettersi il lusso di fermarsi per qualche mese e andarsene a Cuba, alla scuola di cinema e televisione di San Antonio de los Baños. Aveva sempre sognato di farlo e, finalmente, ne aveva la possibilità.

A Cuba imparò molte cose, si iscrisse a diversi laboratori: di sceneggiatura e drammaturgia e di sceneggiatura cinematografica; partecipò anche a un seminario di direzione di scena. Non so come fece, ma trovò anche il tempo di innamorarsi: Luca, il vicedirettore italiano dell'Hotel Occidental Montehabana le entrò nel cuore e ci piantò il semino di Mario. Mario ora ha nove anni e l'italiano una fidanzata più grande di tredici rispetto al bambino.

Marián e Luca vissero per qualche tempo a Cuba; lei dice che sono stati senza dubbio gli anni migliori della sua vita e che ancora oggi, tutte le notti, quando chiude gli occhi, deve fare dei veri e propri sforzi per non immaginarsi mentre passeggiava per L'Avana con il suo ragazzo e il suo piccino, in quei giorni in cui sentiva che lei e Luca erano fuggiti dal mondo, insieme, ed erano lì, persi nei Caraibi, completamente svincolati da quello che ciascuno di loro aveva lasciato nel proprio paese. Non avrebbe potuto essere più felice di così.

Quando Mario compì quattro anni, però, Marián iniziò ad angosciarsi per il futuro che li aspettava lì e cominciò a lamentarsi del fatto che suo figlio stava crescendo senza una famiglia, senza zii e nonni, come li aveva avuti lei. Così convinse Luca a venire in Spagna. Lui non ci mise molto a trovare lavoro in un albergo di Madrid e Marián ricominciò a scrivere sceneggiature per la televisione, anche se le condizioni non erano più le stesse che aveva lasciato quando era partita. Poteva rimanere settimane intere senza lavorare; da quando finiva un progetto a quando la chiamavano per un altro era disoccupata.

Dopo otto mesi a Madrid si sposarono e, dopo un anno esatto dal matrimonio, Luca la lasciò per un'olandese dal fisico scultoreo che lavorava come receptionist in albergo. Il divorzio fu traumatico per Marián. Eravamo tutti molto preoccupati per lei, era pelle e ossa, con una smorfia perenne di tristezza stampata in faccia e assolutamente sopraffatta dalle circostanze.

Il colpo fu molto duro. In due mesi le avevano smontato la sua vita felice e non aveva forze per andare avanti, il bambino la sfiniva, i suoi genitori le davano il tormento, usciva a stento di casa e solo per portare Mario a scuola o al parco e non si curava quasi più. Prendeva miorilassanti per dormire, mangiava poco e fuori orario, faceva sempre più fatica a mettersi seduta a scrivere. Credo che se non ci fosse stato suo figlio, avrebbe definitivamente gettato la spugna.

Un giorno io e sua sorella Paula la obbligammo a lasciare Mario con i nonni e andammo a cena fuori tutte e tre insieme. Durante la conversazione al ristorante le facemmo un lavaggio del cervello a due voci degno di un interrogatorio di Jack Bauer in *24*. Non la lasciavamo respirare, né intervenire, sembrava una partita di ping pong in cui io e Paula ci passavamo la palla senza sosta sotto lo sguardo attonito di Marián. Quando una iniziava a parlare, quella che stava zitta ne approfittava per versare vino nei tre bicchieri e poi riprendeva il testimone della strigliata.

"Tu sei una persona speciale. Sei bella, intelligente, hai un figlio meraviglioso e sano, sei piena di talento e non hai neanche quarant'anni."

"Marián, alla fine ci guadagni tu. Luca è il padre di tuo figlio, ma prima di tutto è un coglione."

"Prima o poi supererai tutto questo, perciò tanto vale che tu lo faccia adesso e così ti risparmierai un bel po' di rughe che ancora non ti spettano."

"Smettila di piangere e mettiti a scopare agli angoli delle strade. Al diavolo, Marián, in giro ci sono più uomini che bottiglie di birra!"

Finimmo la serata in una discoteca arredata in stile tugurio anni ottanta, con palle di vetro e specchi lungo i muri, piena di uomini separati – o fuggiti per qualche ora dalla pace e dall'ordine del focolare – che cercavano vittime in pista, come zombie. Parlammo con molti di loro e ridemmo di quasi tutti; ballammo così tanto che mi si risvegliò una tendinite alla pianta del piede di cui mi ero quasi dimenticata.

Alle sei del mattino, io e Marián accompagnammo Paula a casa con un taxi; andava verso il portone morta dal ridere, con le scarpe in mano e canticchiando. Al quinto piano del palazzo dormivano placidamente il suo compagno, i gemelli e lo yorkshire.

Marián finì a piangere a casa mia, completamente ubriaca e con le calze rotte. Si sfinì poco a poco sul divano, come un cane moribondo, ma al suo risveglio era piuttosto in forma. In mutande, in cucina, con una tazzina di caffè in mano, mi guardò fisso e mi disse:

"Al diavolo Luca, io voglio vivere".

E niente tornò a essere uguale a prima. Marián iniziò ad

andare da uno psicologo che pagò con l'aiuto dei suoi genitori e, tra i consigli dello specialista e un po' di avventure sessuali con qualche appassionato, riuscì finalmente a digerire l'abbandono dell'amore della sua vita.

Adesso è tutto più tranquillo, sono arrivati a un rapporto piuttosto civile fondamentalmente grazie al fatto che lei ha deciso di sopportarne di tutti i colori per il bene del bambino. Luca è sempre più immaturo, irresponsabile e incosciente, ma ha appuntata al petto la medaglia per aver portato il semino di Mario e questo gli evita di essere mandato a quel paese, che poi sarebbe il suo luogo naturale, da Marián. Questo e anche il fatto che lei gli vuole ancora bene, anche se è ormai molto tempo che non lo ama più.

"Carla, ti vogliono al telefono."

Mia madre. Lei è così. Sono giorni che sto attaccata a una lavagna e non ha ancora capito che non posso parlare.

MAMMA, NON POSSO PARLARE.

"Sono la mamma, non può parlare. Ah sì, ciao. Come va? Sì, sta benissimo."

Tappa l'auricolare e cerca di sussurrare.

"È dal lavoro."

È inutile che lo tappi, parla così ad alta voce, anche quando sussurra, che di sicuro la stanno sentendo.

"Sta una meraviglia, non le fa male niente."

Accidenti, questo non lo deve dire, non deve dire che non mi fa male niente.

UN PO' MI FA MALE, MAMMA.

E va bene, è una bugia, sto benissimo, ma non lo deve dire, altrimenti sembra che io stia bigiando.

CHIEDI SE HANNO BISOGNO DI QUALCOSA.

"Benissimo, tesoro, glielo dico. Chiama quando vuoi, io vengo a quest'ora tutti i giorni, se chiami e non risponde, vuol dire che è da sola e siccome non può parlare... Chiede se avete bisogno di qualcosa. Ah ah, benissimo. Grazie a te, cara, dai, ciao, ciao."

CHE TI HA DETTO? CHI ERA?

"Rosa, la segretaria del tuo capo. Dice di rimetterti e di non preoccuparti di niente, non vogliono vederti da quelle parti finché non starai bene del tutto."

Non vogliono vedermi da quelle parti?! E questo che significa? Ma se lì dentro quando le cose non le faccio io non le fa nessuno! Come se la staranno cavando?

"Che carina questa ragazza!"

Sì, carinissima, la più pettegola del mondo. Quella che è felice quando qualcuno entra in ufficio per beccarsi un cazziatone dal capo, che fa la faccia da iena in calore...

"Di prenderti cura di te, di rilassarti."

Mia madre continua a riferire il messaggio.

Mi rilasserò quando mi daranno ciò che merito e la smetteranno di rifilarmi rogne. Ne ho abbastanza. Evidentemente ho appeso al collo un cartello che dice: "Dammi lavoro e non mi ringraziare, sono la scema del villaggio". Se ci fosse un certificato per l'impiegato idiota dell'anno, ci sarebbe disegnata sopra la mia faccia.

"Che fortuna, Carlita, avere un lavoro, essere apprezzata, essere rispettata..."

CERTO, MAMMA, CERTO.

“La donna che sta in casa è come se non esistesse. Voi avete un’altra vita.”

NON È TANTO BELLO.

“È ancora meno bello lavorare tutta la vita per gli altri e che non ti paghino per farlo né che te lo riconoscano. Se rinascessi, non mi farei incastrare di nuovo.”

È il momento in cui mia madre si lancia in un resoconto della sua vita e mi fa una testa così: parla di come hanno ingannato le donne della sua generazione, del maschilismo, della mancanza di opportunità, di mio padre, di suo padre e così via, fino ad Adamo ed Eva.

So che ha ragione, che non è stato facile quello che hanno dovuto vivere loro, ma la sua idea della vita delle donne “dei giorni nostri”, come ci chiama lei, è troppo idilliaca. Avere un posto di lavoro e uno stipendio non significa necessariamente che il tuo valore venga riconosciuto. Qui mia madre si sbaglia, ma è un discorso che è meglio non affrontare, va a finire che litighiamo e non arriviamo mai da nessuna parte.

“Me ne vado, tesoro. Ti ho lasciato il riso in frigo. Mangia e stenditi un po’, ti fa bene riposare.”

BYE-BYE, MAMMA.

“Che vuol dire quel ‘bye-bye’?”

CIAO. SIGNIFICA CIAO, CI VEDIAMO, GRAZIE DI TUTTO.

Che piacere rimanere di nuovo da sola. E che sollievo non poter parlare, discutere con mia madre è una delle cose che mi sfinisce di più.

Ci sono persone con cui fa paura discutere, perché sai già che la cosa non andrà a finire bene. E non dipende dalla distanza che separa la tua opinione dalla sua, è una questione di chimica, la reazione inevitabile tra due elementi che fa sì che, al minimo contatto, esplodano. Ed eviti qualunque confronto perché sai che, se commetti l'ingenuità di aprire la scatola dei tuoni, scoppierà una tempesta elettrica e uno dei due, o entrambi, finirete più ustionati del paziente inglese.

A volte la discussione non ha a che vedere con la persona che si ha di fronte, ma con l'argomento, quei "temi caldi" che hanno il dono di trasformare qualunque incontro piacevole e tranquillo in un inferno. E quello che era iniziato come un falò amichevole e gioviale, dove mancava soltanto la chitarra, trallalà, per mettere la colonna sonora a tanta armonia, diventa il *parterre* di una trasmissione calcistica del lunedì sera nel giro di un secondo.

Perciò, se non hai le spalle abbastanza robuste per i conflitti armati, cerca di schivare i "temi caldi" e di parlare di cose senza importanza, argomenti "neutri" che servono a riempire il tempo senza andare molto in profondità. A questo scopo vanno benissimo i documentari sugli animali o le ricette di cucina, anche se ci sono famiglie che sono arrivate alle mani sulla questione: "Tortilla di patate con o senza cipolla".

Ci sono anche gli amanti della polemica, così, per il puro gusto di farla. Tutti abbiamo un provocatore in famiglia o nel nostro gruppo di amici, esperto nell'infuocare i dibattiti. È quello che riesce sempre, con un paio di frasi azzeccate e velenose, a seminare il disagio intorno a sé e a fare in modo che qualcuno dei presenti si senta male, sull'orlo dell'infarto, rosso in viso e con la vena gonfia. Con queste persone non serve a niente optare per gli argomenti innocui, sarebbero capaci di far innervosire il Dalai Lama a forza di suonargli il gong. Sono persone che hanno un talento naturale per l'arte della guerra.

Di tutti i possibili avversari, però, quello che temo di più sono proprio io. Non ci sono discussioni peggiori di quelle che intavolo con me stessa. Dibattere con se stessi è sfinente, perché sai quando inizi ma mai quando finisci, perché sei consapevole che sarai vincitore con l'argomentazione che chiuderà la partita ma, allo stesso tempo, finirai sconfitto per aver sostenuto l'argomentazione perdente – è lo svantaggio che entrambe siano tue. E, soprattutto, perché ci sono giorni in cui non riesci a metterti proprio da nessuna delle tue due parti.

Ammiro le persone che sono molto sicure di sé – forse perché a me manca molto la sicurezza in me stessa – e invidio quelli che non dubitano mai o almeno non lo danno a vedere e, qualsiasi cosa si domandi loro, rispondono senza vacillare, come se non esistesse spazio per contenere un'altra opinione.

Io no. Ne ho a bizzeffe, i dubbi non mi mancano di sicuro. Se le mie mancanze di certezze fossero euro, sarei più ricca del proprietario di Zara. Mi piacerebbe avere tutto chiaro e cristallino in tante faccende della vita. Ma non mi riesce, passo le giornate a mettere in discussione... me stessa.

Credo che darò ascolto alla mamma e mi metterò a dormire un pochino, sono stanca. Prima di cancellare la lavagna mi soffermo sul finale della mia frase di congedo:

...CI VEDIAMO, GRAZIE DI TUTTO.

Grazie di tutto è una cosa che non avevo mai detto a mia madre, e se la merita. Niente di quello che ho sarebbe stato possibile senza le loro fatiche, quelle sue e di mio padre. Strano come le cose più importanti, a volte, le diciamo senza voce.

Oggi sono due anni. So che non vuol dire niente. Che le date non sono altro che giorni segnati sul calendario, che a ciascuno di essi tocca la sua parte di allegria o di dolore e nessuno significa più di un altro solo perché reca il numero della buona o della cattiva sorte. Ma non posso non pensarci. Oggi, 3 dicembre, è morto mio fratello e ancora non sono riuscita ad accettarlo.

L'anno scorso, in questo stesso giorno, ho portato la mamma a pranzo qui, volevo evitare che stesse a casa durante il primo anniversario, avevo paura che si mettesse a pensare, volevo proteggerla, tenerla lontano dal dolore.

Quella mattina mi alzai con il fermo proposito di fare la parte della figlia matura, salda, forte. Mi proposi di prendermi cura di mia madre come tante volte lei aveva fatto con me. E, soprattutto, mi ripromisi che non mi sarei messa a discutere, qualunque argomento fosse venuto fuori nelle nostre conversazioni. Io e mia madre abbiamo la tendenza a infilarci in baruffe interminabili.

Lei aveva perso suo figlio, il maggiore, il suo pupillo, il suo preferito – anche se insiste nel negarlo: "A tutti i figli si vuole bene allo stesso modo, Carla, non dire sciocchezze" –, e io dovevo essere all'altezza.

Pranzammo in un ristorante italiano; la mamma si diverte

molto quando la porto a mangiare fuori, mio padre non aveva molto spirito d'iniziativa quando si trattava di fare programmi e lei vive ciascuno di quelli che le propongo io come una vera e propria festa. Le piace tantissimo sbocconcellare i grissini in attesa che le portino il primo, "questi affarini sottili mi fanno impazzire," dice; le piace ordinare la pasta con "quei sughi strani che non faccio a casa", e bere un bicchierino di Lambrusco, "sembra vino con la gassosa ma più buono, Carla"; e il tiramisù fatto in casa per dessert, quello non se lo perde mai.

Quel giorno chiacchierammo di vari argomenti, be', chiacchierò lei, fondamentalmente, ebbe il tempo di mettermi al corrente delle operazioni di tutte le sue amiche – nessuna di chirurgia estetica, per inciso, cosa che sarebbe stata molto più divertente –, mi spiegò in tutti i particolari una ricetta del baccalà con la cipolla che aveva visto in tv, mi descrisse nei minimi dettagli il giaccone per la mezza stagione che voleva comprarsi e mi raccontò dall'inizio alla fine il film in bianco e nero che aveva visto il giorno prima, *Accadde una notte*, con *Clar Gable* e *Claudete Colber*, come pronuncia lei i nomi di "quegli artisti tanto bravi, quelli di oggi non sono così".

La mia strategia stava funzionando alla grande, neanche l'ombra dell'argomento "Javi" durante tutto il pranzo. Dopo facemmo una passeggiata, attraversammo un parco, comprai i quotidiani e "¡Hola!" per lei e, così, camminando, la accompagnai a casa. La mamma preparò il tè e poi fece una delle cose che le piacciono di più: tirare fuori gli album delle foto.

Tranquille e rilassate in salotto, la mamma seduta sulla sua poltrona e io ai suoi piedi, sdraiata sul tappeto, ci circondammo poco a poco delle immagini della nostra vita, il suo fidanzamento con papà, il matrimonio, i nonni e tutte quelle in cui comparivamo io e Javi. Io e mio fratello che ci facevamo il bagno in una tinozza in terrazza; io e mio fratello sui cavallucci delle giostre; io e mio fratello che salutavamo i Re

Magi della Calle Preciados, lui sorridendo e io piangendo sconsolatamente seduta sulle ginocchia di Baldassarre, come presagendo che gli uomini mi avrebbero fatto soffrire. Mio fratello a sedici anni, appoggiato alla sua prima moto con gli occhiali in testa, il più bello e figo di tutti; mio fratello travestito da Dracula a Capodanno mentre faceva lo stupido con i suoi amici; mio fratello che prendeva in braccio mia madre, e mio padre dietro che li guardava con l'espressione imbambolata; mio fratello con l'attrezzatura da montagna che faceva con le dita la V di vittoria. Davanti a quella foto cedetti.

"Carla, tesoro mio, non piangere."

"Sì, mamma, sì."

"La vita è così."

"Così come?"

"Be', tesoro, piena di batoste. E tra una batosta e l'altra, momenti belli, è così per tutti."

"No. Non è così per tutti, mamma. Non a tutti muore un fratello di quarantadue anni. A me sì."

"Carla, bisogna accettarlo."

"No, non mi va. Non voglio accettarlo. È ingiusto, punto e basta. E non arrabbiarti, ma non so come fai a prenderla così. Io ho perso un fratello, ma tu hai perso un figlio."

"Senti, lo so benissimo, non devi ricordarmelo tu."

"Ma non sembra. La prendi... Non lo so, con tanta tranquillità. So che tu sei molto religiosa eccetera, ma... Io, mamma, io... Non lo capisco."

"Non voglio ascoltarti perché ultimamente sei molto strana e non sai quello che dici. Chiudiamola qui, Carla."

"E va bene, non riesci mai a parlare con me senza discutere."

"Bada, Carlita, che hai iniziato tu."

"Sempre io."

"Sì, è così. Senti, perdere un figlio è una cosa orribile. Io ho perso i miei genitori, i miei fratelli, mio marito, e no, niente è così tremendo come quando ti muore un figlio. Ma è più duro vederlo soffrire o sapere che non è felice."

"Sì, ma..."

"Sai, tuo fratello è morto in montagna, facendo quello che amava. Mi ha provocato un dolore tremendo. Io e tuo padre abbiamo fatto delle litigate pazzesche, siamo arrivati quasi a separarci. Javi, però, ce lo aveva chiaro in testa, era la sua scelta e non c'erano alternative."

"Papà non lo ha mai capito, ne ha sofferto molto."

"E io allora? Credi che tua madre non passasse le notti sveglia tutte le volte che Javi partiva per una di quelle spedizioni? Credi che all'inizio non abbia pregato perché si facesse una famiglia e la smettesse di scalare? Ma non è successo. Ho dovuto accettarlo, come tante cose che dobbiamo accettare dei figli. Guarda le foto di tuo fratello in montagna."

"Non posso, mamma."

A quel punto mi ero lasciata andare e piangevo come una bambina.

"Non ce la faccio a guardarle."

"Guardale, Carla. Guarda come sorride tuo fratello. Tuo fratello è stato felice per tutto il tempo in cui è vissuto, questa è la cosa importante, punto e basta."

In quel momento mia madre mi sembrò la donna più intelligente del mondo. Più giovane di me, più forte di me e, naturalmente, molto più saggia. E capii che quel modo di accettare la perdita non le risparmiava neanche una briciola di dolore. No, mia madre viveva e vive in una lotta perenne per mettere in pratica il motto che ha inculcato a me e a mio fratello da quando eravamo piccoli: "Qualunque cosa succeda, bisogna andare avanti", questo è quanto.

Prima di andarmene le rubai la foto di uno degli album, io e mio fratello il giorno del mio decimo compleanno, appoggiati a un tavolo con una tovaglia cerata a quadretti gialli e neri intorno a una torta con le candeline colorate. Lui mi aveva sporcato la faccia di cioccolato ed eravamo entrambi morti dal ridere, indifferenti alla macchina fotografica che stava catturando un momento così felice. Arrivai a casa e la misi sulla libreria, insieme ad altre foto.

Ciao, amore. Oggi non ti ho detto
che ti amo e ti adoro, vero?

I whatsapp di Marián sono così. È superlativa sia quando ti dice che ti vuole bene sia quando ti manda al diavolo, e a me piace un sacco. La passione fatta donna, ecco chi è.

Ciao, brutta.

Come va?

Be', oggi è il 3.

Lo so. E ieri il 2 e domani il 4.
Ci siamo?

Ci siamo.

Bene. Tutto ok allora.
Ti chiamo dopo. Mario sta uscendo da scuola...

Ok.

Un bacino. LOVE U.

Anch'io.

Marián sa che oggi sono stravolta. Lo sa, ma fa finta di niente, per evitare che io mi metta a fare sceneggiate. Dice che se mi lascia a briglia sciolta, mi scateno e metto su un drammone lorchiano in men che non si dica. Sto per infilarmi sotto la doccia, ma suona di nuovo il trillo di un whatsapp, che rompiscatole, deve essersi dimenticata qualcosa.

Ciao, bellezza.

Ciao, brutto.

Mi ripeto con i saluti. Oggi non ho molta fantasia, veramente. È Juan.

Ti invito a pranzo.

No, non mi va.

Hai smesso di mangiare?
In fondo non sei così grassa...

Ah ah ah.

Dai, vengo a prenderti
con l'Aston Martin ;-)

No, Juan, oggi è
una giornataccia.

Lo so, è la mia buona azione
della giornata...

No, veramente. Tra l'altro è fastidioso.
Lo sai che non posso parlare.

Per questo t'invito!

No, dico sul serio.

Mi tratti male.

Vieni da me e pranziamo qui.

Ho detto la frase tabù: "Vieni da me". Adesso seguiranno un silenzio di qualche minuto e una scusa.

Sullo schermo compare la scritta "Sta scrivendo", e si ferma. "Sta scrivendo", in linea. "Sta scrivendo."

Il fatto è che devo
tornare presto.

Oggi non si è sforzato molto con la scusa.

Ah...

Mi era più comodo che
venissi in taxi nella mia zona.

E l'Aston Martin?

Dal meccanico... eh eh.

Juan, davvero.
Oggi non me la sento.

Preferisco stare a casa.

Sul serio?

Sul serio.

Come vuoi.

Un bacio, bello.

Un bacio.

Il comportamento di Juan è assurdo. Non capisco perché si fa ancora tanti problemi a venire a casa mia. Io non mi pento affatto di quello che è successo e lui mi giura che la pensa esattamente come me. Non è cambiato niente da quel giorno, siamo amici come prima, scherziamo con la stessa confidenza, mi abbraccia, lo abbraccio, eppure da allora evita a tutti i costi di ritrovarsi da solo con me in questa casa. Sono passati quasi sette mesi da quando è successo, gli stessi che sono passati da quando non sto più con Roberto.

Lo ricordo come se fosse oggi: il fine settimana era stato catastrofico; Roberto ce l'aveva messa di nuovo tutta, come sempre, per farmi stare male. Con il solito copione: disorientandomi, confondendomi, manipolandomi e io, stupida, accettando tutto, drogata di lui, con un immenso bisogno di averlo. Odiandolo e allo stesso tempo prendendomi in giro, giustificandolo, dicendomi che forse aveva delle ragioni per fare le cose che faceva, che forse c'era una motivazione occulta nel suo comportamento, che forse, in fondo, mi amava e che il suo intento era rendermi felice, anche se mi faceva male in continuazione. In un lampo di lucidità, quel giorno lo mandai a quel paese, con queste parole:

"Roberto, vai al diavolo una volta per tutte. Scordati di me. Non mi chiamare più. Pensa che sono morta, come mio fratello. Te lo ricordi? Ah, no, neppure allora mi sei stato accanto. Lo sai, sei un gran coglione, non so come ho fatto a metterci tanto a capirlo".

Roberto è una persona completamente priva di empatia, di una freddezza che fa paura e oltretutto è un superbo. Tutte le volte che discutevamo, ero sempre io a chiamarlo, a chiedergli scusa – anche se la colpa era sua –, ero sempre io a chiedergli di tornare insieme, di non lasciarmi. E in quell'occasione aveva superato tutti i limiti: per la prima volta gli avevo parlato chiaro. Sapevo che non me lo avrebbe mai perdonato, io avevo trasformato la nostra rottura in qualcosa di definitivo.

Ero pienamente consapevole che sarei morta di dolore, ma sapevo anche che quello era l'unico modo per ricominciare: senza di lui. Per quanto sentissi che mi mancava l'aria, di certo neppure con lui potevo respirare. Stavolta era un addio definitivo, ormai potevo iniziare ad abituarmi all'idea.

Per essere lunedì non ero poi così depressa. Mi sollevò arrivare al lavoro e verificare che il mondo riprendeva a funzionare, che il mio telefono squillava, che per il resto dell'umanità io esistevo e per alcuni ero addirittura importante. Una volta tornata a casa, mi tenni occupata per non pensare, mi misi a correggere i compiti di un corso di comunicazione radiofonica che tenevo di sabato presso un'accademia, con un tè e Oscar Peterson in sottofondo. Ero triste, sì, ma anche serena, era molto che non mi sentivo così libera. Roberto aveva trasformato la mia vita in una montagna russa e finalmente ero riuscita a scendere. Il campanello suonò e tremai tutta. Che fosse lui?

"Ciao, amore mio. Sono un coglione. Hai ragione. L'hai sempre avuta. Non ti merito, sei l'unica cosa importante della mia vita, l'unica che valga la pena. Se non vuoi perdonarmi lo capisco, ma ti prego..."

Il campanello suonò di nuovo e mi scosse dalla stupida conversazione da telenovela venezuelana che esisteva solo nella mia testa. Roberto non mi avrebbe mai detto cose del genere. Se era lui, doveva essere venuto a chiedermi il portatile che mi aveva prestato e, *en passant*, a lasciarmi in preda al disagio, a farmi sentire una stupida, a dirmi che ero troppo emotiva, a far sì che mi sentissi responsabile della nostra separazione e a ricordarmi che senza di lui sarei stata uno schifo.

Riconosco che rimasi un po' delusa vedendo che era Juan a bussare.

"Ciao, splendore. E quelle occhiaie?"

"Sai com'è, il fine settimana è stato movimentato."

"Hai scopato come una pazza, non c'è neanche bisogno che tu me lo dica."

"Sì... non mi sono fermata un attimo. Che sorpresa, tu da queste parti di lunedì."

"Ti disturbo?"

"No, stavo lavorando, ma no, tu non mi disturbi mai."

"Devo raccontarti una cosa, una cosa di lavoro. Sono un po' preoccupato."

"Che succede?"

"Mi hanno fatto un'offerta buona, ottima, è una grande opportunità, è un incarico di alto profilo, ma... Non lo so, Carla, sto tanto bene dove sto adesso che... Hai una birra?"

"No, mi dispiace, non sono scesa a comprarle."

"Non ti preoccupare. Come ti stavo dicendo..."

"Ho un gin nuovo. Se vuoi un gin tonic."

"Non dirmi che sei così generosa..."

"No, è una scusa per poter bere io. Ho bisogno di un bicchiere. E di una canna. E di due pugni di qualcuno che mi voglia bene veramente."

"Roberto? Avete discusso?"

"Sì, ma non voglio parlare di lui. Adesso no. Non voglio amareggiarmi. Andiamo in cucina."

"Accidenti, quel tizio ti sta distruggendo."

"Non più. Porta la bottiglia, è quella con il tappo verde."

"G'Vine, che fighetta che sei."

"Solo quando si tratta di gin. Bene, e allora? Continua a raccontarmi."

Non so ancora cosa successe. Non so come passammo dal parlare tranquillamente in cucina, mentre io preparavo due bicchieri e tagliavo il limone, a essere aggrovigliati nel mio letto. Il mio amico Juan, il mio amico di sempre, nudo accanto a me, sopra, sotto, dentro di me. Non avrei mai pensato che potesse succedere una cosa del genere. Ma successe. E fu bello, molto bello. Io e Juan facemmo l'amore senza amore. O con amore, non lo so, perché di bene ce ne vogliamo eccome, molto più di tante coppie che conosco, molto più di tante che abbiamo formato con altri sia io che lui.

Di sicuro era tanto che non mi godevo il sesso senza soffrire allo stesso tempo; farlo così spensieratamente era una sensazione che avevo dimenticato. Con Roberto ogni incontro era la minaccia di un addio. Devo riconoscere che era passionale, persino travolgente a letto, mi faceva sentire amata, desiderata, ammirata. Poi però, quando finivamo, si trasformava nell'essere freddo che mi distruggeva. Era una trasformazione immediata e sapere che si sarebbe verificata faceva diventare il piacere un tormento. Con lui vivevo il sesso con grande tensione. In realtà, accanto a lui, vivevo tutto con grande tensione.

Con Juan non fu così. Mi asciugò le lacrime, mi baciò, mi accarezzò come volevo, dove volevo, ci mangiammo a vicenda dappertutto. Ridemmo, ci divertimmo, fummo complici a letto come lo eravamo sempre stati in tutto il resto. Fu una grande scopata, una scopata memorabile, di quelle da incorniciare.

Una scopata "incredibile", come direbbe la mia amica estetista Débora.

Juan si fermò a dormire da me, ma quando mi svegliai non c'era già più. Sul ripiano della cucina, accanto alla macchinetta del caffè, trovai un biglietto: "Buongiorno, principessa. Non ti angosciare". E, ovviamente, mi angosciai.

Non ti angosciare? Perché avrei dovuto angosciarmi? Perché avevamo fatto quello che ci chiedeva il corpo? Juanito in modalità protettiva? Quello che mi mancava per fare a pezzi la poca autostima che mi restava. Senza aver preso il caffè – pessima decisione da parte mia –, lo chiamai.

"Juan, sono Carla."

"Lo so. Buongiorno."

"Buongiorno. Non capisco il tuo biglietto."

"Vuoi dire che ho una grafia così brutta? Ah ah."

"No, sai bene a cosa mi riferisco. Che significa quel 'non angosciarti'?"

"Be'..."

"Magari credi che in questo periodo della mia vita vada in fissa dopo una scopata."

"Non ho detto questo e non lo penso neppure."

"Senti, Juan. Ieri ero distrutta."

"Lo so."

"E anche oggi."

"Sì."

"E ci vorrà molto prima che io dimentichi Roberto, sono maledettamente dipendente da quello stronzo."

"So anche questo."

"Quello che è successo ieri notte è stato... ciò di cui avevo bisogno, oppure no, non lo so, è stato quello che doveva essere, ti andava, mi andava e basta. Non c'è altro."

"Senti, Carla, hai ragione, ma ne parliamo più tardi, sto per entrare in riunione."

"Davvero? O non sarà che la conversazione ti sta mettendo a disagio?"

"Non fare l'antipatica. Mi piace moltissimo parlare con te di questo o di qualunque altro argomento, ma adesso ho una riunione con cinque bruttoni incravattati. Te lo giuro. Vuoi che ti mandi una foto?"

"No, grazie, non ho lo stomaco per sopportare immagini sgradevoli. Parliamo più tardi. O domani." Cercai di addolcire il tono: "Non ti preoccupare, parliamo quando puoi".

Non era colpa di Juan se Roberto era quello che era, né del fatto che io non avessi preso il caffè.

"NON TI ANGOSCIARE," gli dissi con tono scherzoso.

"Cattiva."

"Un bacio. Ti voglio bene. E, tra parentesi, non so come mai riesci a rimorchiare tanto, in fondo non sei poi così speciale."

"Scusa?!"

"Ah ah!"

"Spiegami che vuoi dire."

"Un'altra volta. Ti aspettano i bruttoni. Fagliela vedere."

"Un bacio, gran gnocca."

Dopo aver riagganciato, tornai a letto e piansi abbracciata al cuscino per dieci minuti, giusto fino a quando suonò la sveglia del cellulare. Mi infilai sotto la doccia, alle undici dovevo essere in radio per registrare delle offerte di un supermercato.

Mentre prendevo il caffè, giocai con l'idea che Juan si trasformasse nell'amore della mia vita. Questo pensiero così assurdo durò un minuto e subito mi assalì l'incubo a cui stavo cercando di sottrarmi. Come diavolo avrei fatto a dimenticare Roberto? Con l'ipnosi? La sofronizzazione? Ma davvero al giorno d'oggi, in pieno ventunesimo secolo, a nessuno scienziato è venuta in mente l'idea di inventare una pillola che ti faccia dimenticare una persona in un paio d'ore? Un chip, una disconnessione neuronale per mezzo della microchirurgia, una cosa del genere, accidentaccio. Tanto Internet e tante stronzate e in questo campo stiamo ancora come i nostri bisnonni, maledette delusioni d'amore.

Juan non mi chiamò per vari giorni e io ero così immersa nel dolore per la rottura con Roberto che non venne neanche a me voglia di prendere l'iniziativa. Un sabato mattina squillò il telefono:

"Ciao, bella".

"Ciao, Juan. Ti hanno rapito i bruttoni?"

"No, ah ah. Ho avuto molto da fare."

"Certo."

"Come va?"

"Come al solito."

"Sai niente di Roberto?"

"Sì, che è uno stronzo."

"Non ti ha chiamato."

"No. Non lo farà."

"Be'..."

"Sei molto serio. C'è qualcosa che non va?"

"No, no, sono un po' stanco."

"Ah, vuoi dirmi che anche voi *top manager* ogni tanto vi stancate come noi comuni mortali?"

"Ah ah, già."

"Hai programmi per oggi? Potremmo spararci un cinema."

"Be'... Non lo so."

"Senti, Juan, adesso basta."

"Come?"

"Ci conosciamo da... da sempre. Sei molto strano. È per quello che è successo?"

"No, assolutamente no. Il fatto è che sono stanco e ho dei casini sul lavoro, davvero."

"Perfetto. Perché non è successo niente, vero? Be', sì, che ci siamo concessi un lusso davvero fantastico."

"Sì, davvero fantastico è un buon modo di definirlo."

"Ma è tutto come prima, almeno da parte mia. Non te ne uscire con la storia che il sesso rovina l'amicizia, che non è una cosa da uomo progressista, oltre che fustacchione, quale sei."

"No, certo che no."

"E allora siamo d'accordo. Tocca a me scegliere il film. Do un'occhiata alla programmazione e ti chiamo."

"Ok."

"Un bacio, bello."

"Anche a te. Fammi sapere."

Quella sera, quando arrivai davanti al cinema, vidi il Juan dell'università. Sembrava che gli avessero tolto quindici anni di dosso. Non so cosa avesse, era diverso. Quando mi vide, si mise a parlare compulsivamente:

"Ho già comprato i biglietti. Ti trovo bene. Allora, vediamo. Sono distrutto. Probabilmente ho una contrattura al collo. Devo andare dal fisioterapista. Tu come stai? Mi ha chiamato Jorge: tieniti forte, si sposa con Inés, ti chiamerà nei prossimi giorni per raccontartelo. Che ore sono? Che dici, entriamo?".

"Entriamo."

Fu l'unica parola che riuscii a dire, a chiusura del suo monologo concitato. Quando fummo seduti ai nostri posti, mi diede l'impressione di essere teso come una corda di violino, attento a non avvicinarsi a me neanche un po'. Come se avesse paura che, sfiorandomi, io mi sarei lanciata su di lui e lo avrei coperto di baci pregandolo di fidanzarsi con me. Credo che Juan mi confondesse con tutte quelle donne a cui era solito spezzare il cuore e si sentiva in colpa per essere venuto a letto con me quando ero a terra, mi voleva troppo bene. Si sbagliava di grosso con la sua paura di farmi del male, io ero fragile solo quando si trattava di Roberto.

Il film ci piacque moltissimo; anzi, ci cambiò proprio la giornata. In realtà, non era un film, ma un documentario meraviglioso, *Sugar Man*, la storia di Sixto Rodríguez, un cantautore di Detroit che diventò un simbolo della lotta contro l'*apartheid* in Sudafrica senza saperlo. Un racconto di vita che alimentava la speranza, e sì che di questi tempi è ben difficile. Un esempio cristallino del fatto che, in mezzo allo squallore, alle menzogne e alla mediocrità che ci circonda, ci sono persone grandiose, anche se il successo sociale lo ottengono tardi o non lo ottengono mai. Un incentivo ad andare avanti, a non disperarsi, a sentire che stare qui serve a qualcosa.

Io e Juan uscimmo fluttuando dalla sala, così entusiasti che non riuscivamo a parlare d'altro. Pensammo e ripensammo a ogni scena, canticchiammo le canzoni, *I think of you* tre volte, ci ripromettemmo di comprare il disco, analizzammo il significato profondo della storia, ci emozionammo insieme, ci commuovemmo come quando eravamo due studenti pieni di speranze, liberi dai condizionamenti, dai pregiudizi, dai limiti. Per un momento smettemmo di credere che le cose sono così e basta, che non si possono fare in un altro modo, per convincerci a vicenda che invece sì, si può eccome.

L'ondata di euforia annullò del tutto l'apparente disagio di Juan nell'affrontare la prima giornata insieme dopo la nostra notte di passione. Quello era un aneddoto privo di importanza di fronte alla grandezza della storia che avevamo visto, quell'episodio, il nostro "incidente" – come Marián definisce le questioni di sesso –, era una bazzecola.

A partire da quel giorno riprendemmo la nostra storia dal punto in cui l'avevamo lasciata. Tutto segue il suo corso: siamo gli stessi di sempre, tranne il fatto che Juan non vuole condividere il mio salotto con me se non ci sono anche altre persone. So che prima o poi gli passerà. Altrimenti dovrò assumere dei figuranti per farlo venire da me.

Oggi sto molto meglio. Ieri ho sopportato piuttosto bene la difficile giornata dell'anniversario. La mamma è uscita a pranzo con i miei zii e io ho preferito restare a casa, intrattenendomi con quelle cose che non ho mai il tempo di fare. Ho messo in ordine gli armadi, ho organizzato l'archivio delle fatture e delle ricevute, ho sistemato scrupolosamente le creme e i profumi in bagno e ho trasformato il mio appartamento caotico in un'oasi di pace, ogni oggetto al suo posto, cosa inusuale negli ultimi mesi.

L'ordine e il disordine dicono molto di come mi sento dentro. Quando attraverso un periodo di calma, la mia casa è "da copertina", come dice mia madre, ma, quando sono in piena tempesta emotiva, si direbbe che la polizia abbia fatto una perquisizione e messo tutto sottosopra. Neanche Grissom, quello di Csi, sarebbe capace di trovare una prova in mezzo a quel disastro.

Ieri ho fatto lo sforzo di invertire l'ordine delle cose, cercare di organizzare l'esterno in un tentativo di rimettere a posto le mie emozioni. E credo di esserci riuscita: non direi che sono felice, neppure allegra e men che meno euforica, ma sono in pace con me stessa ed è una bella sensazione.

Il trillo di un messaggio mi tira fuori dal nirvana.

Ciao, Carla. Come va? Ti mandiamo tutti un salutino. Riguardati e approfitta di queste vacanze! Eh eh. Cristina. Baciotti!

Vacanze? Vacanze, eh eh? È questo che alla radio credono io stia facendo qui in casa? Ma se è un periodo di congedo postoperatorio! Vacanze un corno! E il tutto è firmato da Cristina, specialista nel mancare per coliche alla vigilia di ogni ponte. Baciotti? Ma andiamo!

Sì, sono negativa, è colpa mia, vedo tutto nero, sono una malpensante. Questo mi direbbero Juan, Marián e... mia madre. Benissimo, a pensar male si fa peccato ma si indovina. Io so che quel messaggino racchiude un alto tasso di cattiveria e non ho intenzione di rispondere, almeno non ora, perché se lo faccio manderò a quel paese qualcuno e poi me ne pentirò. Come volevasi dimostrare, il momento zen mi è durato ben poco, mi hanno già fatto girare le scatole e sono solo le dieci del mattino. Perfetto. Visto che non ho un esorcista a portata di mano, mi infilo sotto la doccia.

Tutte le volte che faccio la doccia accendo la radio. È un'abitudine che ho da quando vivevo a casa dei miei. Mi piace il suono della radio come sottofondo a un momento così piacevole, anche se, con il rumore dell'acqua, non riesco a capire bene quello che dicono.

Marián sostiene che farsi la doccia con la radio accesa è una pessima idea, perché se un giorno dovesse entrare in casa un malintenzionato non me ne accorgerei. Certo, perché se invece non ho la radio accesa ed entrano a rubare, con me nuda come un verme, sotto l'acqua, mi posso salvare. Già vedo il titolo sul giornale: "Donna di mezz'età blocca due ladri moldavi colpendoli con la spugna del Body Shop".

Be', niente da fare, rischierò la vita, accendo la radio e sarà quel che sarà.

"...per maggiori informazioni chiama il..."

Porca miseria! È la voce di Cristina! Cristina ha fatto l'annunciatrice per la pubblicità del mio cliente! Sono cinque anni che presto la voce ai microannunci di questo centro tricologico e cambiano il testo una volta ogni sei mesi! Ho registrato l'ultimo quindici giorni fa. Perché lo hanno rifatto? Perché con lei? Perché non mi hanno aspettato? Mi stanno facendo le scarpe!?

Lo sapevo, eccome se lo sapevo. Mi faranno fuori nel prossimo repulisti e io sto qui, "in vacanza", senza poter far niente, senza poter parlare, attaccata a una lavagna, a un cellulare e a un computer. A scrivere, scrivere, scrivere, mentre il mondo va avanti senza di me.

A volte uno sente che non ne può più. E ogni tanto è vero. C'è chi, una mattina, non ne può più sul serio e decide di fermare il suo orologio. Ma non sono moltissimi, anche se ultimamente il numero sta crescendo in maniera drammatica. La maggior parte di noi sopporta, forse perché, in fondo, aspettiamo qualcosa, anche se in molti casi non sappiamo bene cosa.

Tutti a un certo punto della nostra vita abbiamo sentito che non siamo in grado di andare avanti, che non ci resta niente per cui lottare, né voglia, né forze per provarci, ma poi ci riusciamo, o almeno ci proviamo. A quel punto ci alziamo, ci scrolliamo di dosso la polvere della caduta e continuiamo a camminare con i graffi sulle ginocchia. Come quando, da piccolo, tua madre ti metteva l'acqua ossigenata che faceva le bollicine sulla ferita e tu soffiavi un po' per poter continuare a giocare a palla prigioniera come se non fosse successo niente.

Ho un amico, David, che nel corso della vita è caduto più volte del re Juan Carlos negli ultimi tempi. E si è sempre rialzato. La cosa più bella è che, ogni volta che si rimette in piedi, arriva più in alto. È il genere di persona che riesce, con una conversazione, ad aprirti gli occhi, chiarirti molti dubbi e insufflarti l'ossigeno che ti toglie l'ansia. Mi dice sempre: "Carla, dammi quarantacinque secondi", e in quel tempo mi rimette a posto le idee come fa l'osteopata con le ossa. Io gli dico che è isotonico e lui ride, perché non gli piace dare importanza all'influenza che esercita su di me e su quasi tutti quelli che gli stanno intorno.

L'altro giorno mi ha mandato un messaggio per dirmi che gli mancava la mia voce e, già che c'era, per ringraziarmi della forza che gli dà sempre parlare con me, perché io lo sprono a trascinare il peso che si porta sulle spalle e a quel punto sono scoppiata a ridere – con il silenziatore, naturalmente. Gli ho risposto con un emoticon con gli occhi spalancati e un messaggio: "Che cosa ti darei io? Dai, non farmi ridere". È come andare da una veggente e sentirsi dire che le hai predetto il futuro, sarebbe da morire dal ridere. Lui, però, mi ha giurato di sì, che era la verità, che non è così forte come sembra, che anche lui di tanto in tanto ha bisogno che qualcuno gli dia una spinta per affrontare la salita, che anche a lui, il mio amico isotonico, il motore scende di giri.

Sono tempi difficili. Anche se ci stanchiamo di ripeterlo, è vero. Lo sappiamo tutti, non c'è bisogno che ce lo dica il telegiornale. Ho degli amici che si sono visti costretti a separarsi perché lui non trova lavoro in Spagna, va a cercare fortuna in un altro paese e lascia qui la moglie e una bambina di otto mesi; altri che vorrebbero separarsi ma che non si possono permettere un divorzio in queste condizioni e sono condannati a "non vivere" insieme; amici che hanno messo in vendita la loro casa perché cercano di evitare un pignoramento e devono trovare denaro liquido; quelli che sono finiti in cassa integrazione e quelli che intuiscono che a breve ci finiranno. E un grande eccetera. Tutti abbiamo gli avvoltoi che ci girano sopra le teste.

Avremo bisogno di fiumi di acqua ossigenata per continuare a giocare a palla prigioniera; non ci resta altro da fare che scambiarci i ruoli e spingere o lasciarci spingere, a seconda del turno, per affrontare la salita; dovremo trascinare gli amici isotonici e dare ciò che possiamo della nostra energia tutte le volte che capita e, soprattutto, dovremo visualizzare qualcosa di meglio.

Sì, ho detto visualizzare. E fanno due volte in quattro giorni. Pensare che io trovo ridicola questa panzana della visualizzazione. Sì, è da quando ero piccola che non faccio altro che visualizzare che sono fidanzata con Paul Newman e lui è morto senza degnarmi neppure di un "ma vai all'inferno", che io ci sarei andata felice e contenta con lui.

Un giorno David, mentre prendevamo un Crodino – un bitter dolce e giallo che compra in Italia, lui che è sempre tanto originale – ha cercato di spiegarmi la sua teoria sulla visualizzazione, per convincermi della sua efficacia.

"Carla, non chiamarla visualizzazione se non vuoi, chiamalo volerlo o, semplicemente, crederci. Prendiamo un esempio a caso: tu."

"Eccoci qui, ci sono solo io."

"Tu sei una lavoratrice, una guerriera, tenace, ma sei anche bravissima a metterti degli ostacoli. Potrei giurare che la cosa che ti ripeti più spesso è: 'No, io non ce la faccio'. Sbaglio?"

"Be', a volte me lo dico... È normale, suppongo."

"Te lo immagini un nuotatore che pensa di non essere in grado di arrivare all'altra sponda? Secondo te quante bracciate potrebbe fare con questo spirito? Quanto credi che ci metterebbe a cercare una scaletta per abbandonare l'impresa?"

"David, dimmi la verità. Non ci credi neanche tu a quello che mi stai raccontando. In molte occasioni è la vita a decidere per noi, per quanto impegno ci mettiamo nel tenere le redini."

"Sì. Però in molte altre siamo noi a decidere che sia la vita a decidere per noi."

"Che scioglilingua. Mi sono persa."

"No. È facilissimo. C'è chi ha paura di giocare e non ci prova mai. Si limita a lasciare che sia la vita a giocare per lui. E si aggrappa al classico: 'Sarà quel che sarà'."

"Il fatto è che a volte sembra inevitabile, ci sono troppi fattori che intervengono nel risultato finale. La vita non è un'equazione, 'mi impegno = ci riesco'. Non sempre succede quello che è giusto."

"Certo, è facilissimo perdere. Ma ti dirò anche che, se non giochi, difficilmente vincerai. Senti, è una scelta rispettabilissima quella di vivere la vita da spettatore, se questo ti rende felice, ma sappiamo entrambi che non è il tuo caso. Tu ti lamenti e ti torturi chiedendoti perché non puoi vincere la partita."

"Be', non sono una conformista."

"E allora gioca, non te la fare sotto."

Adesso avrei proprio bisogno di bermi un Crodino con David. Oggi è uno di quei giorni in cui mi sembra impossibile che le cose possano andare peggio di così, ho la tentazione di aggrapparmi alla scaletta e uscire dall'acqua, perché sento che non sono più capace di nuotare, che sguazzo senza una direzione.

Mi faccio pena da sola, qui, appena docciata, come un cane bagnato, con la sensazione che tutto quello che io provo a fare per cambiare le cose sarà inutile. Meno male che in fondo mi resta un po' di fede, altrimenti non starei qui a sfregarmi con questa crema che mi scuoia. Se sono ancora in grado di credere in una crema anticellulite, non tutto è perduto.

Un altro whatsapp, oggi mi faranno fondere il telefono.

Mi serve il mio portatile.

Roberto? Mi tremano le gambe. Non può essere. Non voglio. Oppure sì. Non lo so. Cazzo, cazzo, cazzissimo. Roberto. Che faccio? Tranquilla, Carla, non devi rispondere adesso se non vuoi. A dire il vero, non c'è motivo che tu risponda. Lui lo ha fatto molte volte con te. Fallo insistere. Che nervoso, credo che vomiterò da un momento all'altro.

Tanta insonnia per colpa sua, tante occhiaie del giorno dopo che rivelavano che avevo passato la notte con lui. Tante ramanzine da parte di mia madre: "Ohi, siamo tutti seduti, vuoi smetterla sì o no e venire a mangiare? Questa casa non è un albergo".

Ma era difficilissimo separarsi da lui, esercitava un potere enorme su di me. Si accaparrava la mia attenzione in tutti i momenti che potevo dedicargli. Quel ribollire di emozioni quando sapevo che dovevo rincontrarlo. Rincretinita, intontita, completamente rapita, desiderosa di saperne di più, in preda ai brividi per alcune sue rivelazioni, ora in lacrime, ora sorridente, ora vittima della ridarella.

All'epoca ero convinta che nessun altro potesse farmi provare una cosa del genere, che non ci sarebbe stato nessun altro, che sarebbe stato l'unico, per sempre, per tutta l'eternità. Mi sbagliavo. Io ero una bambina e quello era soltanto il primo di tutti i libri che mi avrebbero emozionato nel corso della mia vita, *Le avventure di Tom Sawyer.*

Un libro è un mondo e ti permette di uscire dal tuo per un po' fino a sentirti un altro, un'altra. Un libro può fare magie con le tue sensazioni; aprirti gli occhi e scuoterti l'anima; darti risposte o suggerirti domande. Aprire un libro è come aprire una porta che può condurti a un luogo comodo o, al contrario, ostile, ma ti fa sempre viaggiare e crescere, senza bisogno di metterti i tacchi.

Non dimentichi mai perché, per chi, hai iniziato a leggere. Mio fratello maggiore leggeva ogni sera prima di addormentarsi, e mio padre, un uomo senza un'istruzione canonica, lesse tantissimo, finché il cervello non gli disse basta e gli impedì di capire le parole sul foglio e tutto il resto. È stata loro la colpa della mia passione per la lettura.

Più avanti, alcuni professori: María Luisa, ai tempi delle superiori, inarrestabile la sua insistenza nell'invitarci a leggere e a insegnarci a pensare, ad avere giudizio, a discernere, a goderci il piacere di decifrare i messaggi che altri avevano stampato in un pugno di fogli. O Tomás, maestro in tante cose, che mi ha liberato dal senso di colpa per aver abbandonato un libro senza finirlo: "Se non ti piace, mollalo. Non è obbligatorio arrivare fino alla fine di un libro se l'autore non è riuscito ad arrivare a te".

Libri rovinati a furia di consultarli, libri rivestiti di carta di giornale o di stoffa mimetica. Libri sottolineati che, riletti qualche tempo dopo, ti svelano cose di te che avevi dimenticato: quello che ti preoccupava all'epoca, che ti commuoveva, quello che volevi essere. Tutte quelle frasi che evidenziavi, spensieratamente, con un segno un po' sbilenco, a matita o a penna, senza pensare all'importanza di quel gesto, senza essere consapevole del fatto che forse stavi lasciando una traccia per scoprire, molto più avanti, come si cambia nel corso della vita.

In questi giorni ho recuperato il piacere di leggere senza controllo. Mi ci dedico per ore e affido la mia insonnia alla carta o allo schermo del Kindle, e mi perdo nelle parole che hanno scritto altri per dimenticare quelle che compongono la storia della mia vita. Sì, mi sento più profonda del solito, il fatto di non poter parlare mi sta scombussolando. Be', questo e tutto quello che ho dentro.

Ieri non ho risposto a Roberto. E mi sento bene. Padrona, per la prima volta, della mia volontà. Vivo tranquilla senza aspettare che si faccia vivo, il mio silenzio e il suo si sposano bene, che piacere, che tranquillità.

Insisto. Mi serve il mio portatile.

Al diavolo, che spavento. Sono le due di notte. Roberto? Che fissazione con il portatile, dio santo, neanche fosse la reincarnazione di Steve Jobs. Sette mesi senza pensarci e adesso sembra una questione di vita o di morte recuperare quella schifezza di computer che si blocca in continuazione. Sarà una scusa per parlare con me? No, non voglio rispondere, devo essere ferma. Mi tremano le gambe. Voglio gridare. Non posso. Non ho voce per gridare.

Lasciamelo da qualche parte, per favore.

Ci metto dieci minuti a rispondergli, ma alla fine cedo. Non posso fare questo torto a nessuno e men che meno... a lui. E poi muoio dalla voglia di rispondergli.

Non c'è problema.

A proposito, CIAO, Roberto.

Dove passo a prenderlo?

Ma cos'ha in testa questo? Non mi saluta neppure? Cosa pensa, di stare parlando con la macchinetta delle sigarette? Come fa a essere così cafone?

Senti, Roberto, stai ignorando
le norme più elementari della buona educazione.

È indispensabile?

Non ho tempo per le polemiche
infinite che piacciono tanto a te.

Scusami?

Sono stufo delle tue
seghe mentali.

Ci è riuscito. Di nuovo il nodo allo stomaco. Quel maledetto nodo che mi impedisce di inghiottire, di dormire, di vivere. Mi ha dato una delle sue solite pugnalate. Ma perché accidenti gli ho risposto? Sono una stupida. Non imparo mai.

Roberto, mi stai facendo
saltare i nervi.

Sono in malattia, sono stata appena operata.
Non ho la forza di discutere con te.

Operata?
Di cosa?

Niente di importante.

Sto bene.

Ne sarai felice, immagino.

Be', ovvio.

Ne è felice? Ma dai, allora è umano. Forza, Carla, rilassati. Tu sei più intelligente di lui, almeno sul piano emotivo, non ti lasciar trascinare sul suo terreno. Tu sei una persona buona, generosa e comprensiva, sei al di sopra della maleducazione, tu sì che sai come trattare le persone. Respira profondamente e rispondi con dolcezza, dai, puoi farcela:

E tu?

?

Tu stai bene?

Dove me lo lasci?

Senti, Roberto, smettila di fare il duro della situazione.
Non ce n'è più bisogno, davvero.

Siamo adulti, la nostra storia non ha funzionato, va bene.
Ma non è necessario arrivare a questo punto.

Davvero pensi che questo atteggiamento antipatico serva a qualcosa?

Senti, sei stata tu a prendere la decisione. Accettala.

Non faccio altro che provarci. Te lo assicuro.

Ma, non lo so... potremmo
essere amici...

A che scopo?

A che scopo?

Ma che razza di risposta è “a che scopo”? A chi verrebbe in mente di rispondere una stupidaggine del genere? Sarebbe da mandarlo a quel paese o anche un po’ più lontano. A che scopo?! Questo è fuori di testa.

Ma no, Carla, tu sei più forte, respira profondamente, non cadere nella trappola. Incassa il colpo come se non facesse male e rispondi con gentilezza, disarmalo con il tuo affetto, prima o poi dovrà vacillare e togliersi quest’assurda maschera di ghiaccio.

Per averci, Roberto,
per non perderci del tutto.

Per poter contare l’uno sull’altra
anche se non siamo capaci di stare insieme.

Tu sai che ti ho amato come nessun altro
e che ti vorrò bene per tutta la vita.

Magari ti ho soffocato con tanto affetto.

Forse non era questo che volevi da me.

Sono disposta a cambiare, a essere tua amica.
A tenermi a distanza, a volerti bene
come vuoi tu.

Cosa vuoi che faccia?!

Carla, finiscila.

Perché mi fai questo, Roberto?

Non possiamo parlare come adulti?

Incontrarci un giorno per chiuderla in maniera civile...
Senza litigare...

Finiscila, dico davvero.

Sei incredibile...

Com'è possibile che reagisca con tanta ostilità di fronte all'affetto? Non riesco a capire, è più forte di me. È riuscito a farmi piangere di nuovo. E io? Perché soffro? Che c'entro io con una persona del genere, sono impazzita o cosa?

È meglio se me lo lasci
in portineria a casa tua.

Passo a prenderlo domani.

OK.

Com'è possibile? Come può trattarmi in questo modo? E io, perché glielo consento? Perché gli ho risposto? Perché, nonostante il suo atteggiamento, insisto per riprendere i rapporti, per trasformare la nostra relazione in un'amicizia? Ma che mi ha fatto al cervello per farmi perdere tutta la dignità che ho? E perché non riesco a smettere di piangere? Perché continuo a volergli bene? Perché non riesco a smettere? Mi sta per scoppiare la testa. Riprendo il telefono e scrivo a tutta velocità.

Marián, sei sveglia?

Cacchio, per poco non mi fai venire un infarto. Che succede?

Marián, sto per morire.

Tesoro, ma che cavolo dici? Che ti succede?!

Roberto. Mi ha scritto.

Ah... E che ti ha detto, cosa vuole?

Vuole il portatile.

Che portatile?!

Il suo computer. Neppure un ciao, neppure un come stai?

Come se io fossi una sconosciuta, o peggio. Come se fossi la sua peggior nemica.

Cazzo, Marián, dopo tutto quello che gli ho dato, con quello che sto passando.

E mi tratta così, come se io fossi un'insensibile.

Lui sa come sono fatta!

Sa che sto morendo dentro! Ma a che serve tutta questa cattiveria?

Carla, Carla, tranquilla.

Fai fondere whatsapp.

Magari è una strategia per riconquistarti...

Marián, per favore...

E va bene, no. Non credo che voglia riconquistarti.

Non lo so. Non so niente di lui.

Non lo capisco, non l'ho mai capito. Ma non capisco neanche te...

Che vuoi dire?

Che adesso basta, Carla.

Quel tizio non è Dio.

Stai perdendo la testa.

Ormai è diventata un'ossessione e mi preoccupi...

Non è un'ossessione, io voglio dimenticarlo, te lo giuro...

È lui che si è rifatto vivo.

Il fatto è che non capisco
il suo comportamento.

Io non ho fatto altro che amarlo.

Non mi merito questo...

Carla, tesoro mio, forza.

Sono le due di notte.

Io devo finire una sceneggiatura urgente
e tu dovresti dormire.

Fai una bella cosa,
prenditi un Lexotan.

Fai esercizi di respirazione yoga,
conta le pecorelle, in inglese che è più difficile,
e cerca di rilassarti.

Domani, appena lascio Mario a scuola,
vengo da te e parliamo.

Si sistemerà tutto, vedrai.

No, io non ce la faccio...

Ma certo che sì, elaboriamo una strategia.

Ti tirerò fuori da questo buco nero quanto
è vero che mi chiamo Marián Martínez Blach.

Dammi retta.

Adesso cerca di pensare ad altro.

Troveremo una via d'uscita, insieme, vedrai. Ti voglio bene.

Anch'io.

Cerca di riposare.

A domani. Grazie.

Scusa per l'assalto notturno...

Adesso basta, vai al diavolo.

Ti voglio bene.

Andrà tutto a posto.

Ho fatto tutto quello che mi ha detto Marián. Il Lexotan, potenziato da qualche goccia di Rescue Remedy, un prodotto che mi ha portato la mamma dall'erboristeria e che, a quanto pare, prendono le attrici prima di andare in scena, il tutto accompagnato da una tazzona di tiglio con uno spruzzo di valeriana. Al momento non ho sonno, ma se si sommano gli effetti di tutto quello che ho ingurgitato, forse non mi sveglierò prima di tre mesi. Magari.

Sono qui, stesa supina a letto, facendo più esercizi di respirazione che durante una lezione del corso preparto. Contare le pecorelle in inglese mi è sembrato deprimente, perciò mi sono messa a contare ex fidanzati, che è più divertente.

Iván, il primo, era ricco; be', lui no, ma i suoi genitori sì. E io ero povera e stupida, non mi innamorai abbastanza e non accettai di sposarlo. Se non fossi stata così pateticamente romantica e avessi pensato al mio futuro, adesso sarei una divorziata milionaria, che ricomincia la sua vita dopo qualche anno di noia coniugale allietato da avventure occasionali con il giardiniere e l'istruttore di yoga. E va bene, questo fa molto *Desperate Housewives*, non sempre le cose sono così divertenti. Tra l'altro era una stupidaggine dire di sì a quella proposta di matrimonio, avevamo solo sedici anni, fu una follia da adolescenti, Iván si innamorò perdutamente di me e ci provò una domenica mattina al luna park:

"I miei nonni dicono di sposarmi con te".

"Ma se non mi conoscono neppure."

"Però loro sanno che sono molto innamorato."

"Ma se abbiamo solo sedici anni."

"E allora? L'amore non ha età. Io non amerò mai un'altra."

Ed è vero, non si innamorò di un'altra, si innamorò proprio di tutte. Iván era ed è un compulsivo dall'innamoramento facile, con un cuore così grande che ci entra tutta la lista delle pazienti di un ginecologo. Se mi fossi innamorata di Iván profondamente, come mi innamoro io... mi avrebbe fatto a pezzi. In quel caso le stelle furono dalla mia parte. Gliene sono grata.

Álvaro. Il mio amore dell'università, ero pazza di lui, iniziammo a uscire insieme al secondo anno. All'inizio del terzo, mi lasciò per Marga e io mi ritrovai con tutti gli esami da fare a giugno. Pensai che la mia vita fosse finita. Marga era più bella di me, più alta di me e più elegante di me, ma meno cauta, rimase incinta dopo due mesi che aveva iniziato a frequentare Álvaro. Io persi il mio ragazzo e lei perse l'opportunità di continuare gli studi. I suoi genitori furono terribilmente crudeli con lei, era intelligente, una brava studentessa, sarebbe arrivata lontano.

Un giorno li vidi per strada che spingevano la carrozzina con un neonato e il mio primo impulso fu d'invidia, quel quadretto familiare mi spezzava il cuore. Poi provai una certa compassione, si vedeva che erano molto uniti e molto annoiati allo stesso tempo. Poco tempo fa li ho incontrati in centro, continuano a stare insieme. Chiaramente Álvaro non era l'uomo per me.

Miguel. Il mio fidanzato, un fidanzato vero e proprio. Cinque anni sempre insieme. Con tutti gli annessi e connessi: genitori, fratelli, nonna, pranzi in famiglia e sua accompagnatrice ufficiale ai matrimoni. Ci amammo, poi ci volemmo bene e, soprattutto, ci abituammo. Un giorno cominciammo a pensare alla possibilità di sposarci perché vivevamo insieme contro il parere dei nostri genitori e quella ci sembrava la soluzione migliore per mettere fine alle tensioni in famiglia, e poi eravamo gli unici dei nostri amici che non avevano ancora fatto il grande passo.

Miguel apparteneva a un ambiente conservatore e io vedevo a stento i miei amici, Marián era a tre metri da terra con Luca a Cuba e Juan passava da un'avventura all'altra. Per cinque anni mi immersi nel mondo di un gruppo di coppie che seguivano gli stessi passi secondo un ordine rigoroso: fidanzarsi, sposarsi, comprare una casa e avere figli, senza fermarsi a pensare se gli stava bene o no che quella fosse la sequenza della loro vita.

Una mattina, mentre andavo con Piluca, la fidanzata del fratello di Miguel, a provarmi il vestito da sposa, mi venne in mente che ero sul punto di comprare la divisa dei carcerati del braccio della morte. So che è assurdo, ma quella fu l'immagine che mi venne in testa. Cercai di dimenticarla, di pensare ad altro, ma durante la prova, mentre Piluca e la commessa mi dicevano: "Ti sta d'incanto, sembri una bambola", io, allo specchio, mi vedevo vestita di arancione, diretta alla sedia elettrica, dopo aver mangiato durante la mia ultima cena un pezzo di torta nuziale. Quel pomeriggio, dopo essere tornata a casa, dissi a Miguel che lo lasciavo.

Superare la separazione mi costò tempo e sofferenza: era stata una tappa lunga e importante della mia vita e Miguel era quasi come un'estensione del mio corpo. Avevamo parlato mille volte del futuro, della possibilità di avere figli, lui voleva adottare due bambini che fossero fratelli, lo diceva sempre. Di tutti gli uomini che sono passati nella mia vita, Miguel è stato quello che mi ha voluto più bene e quello che si è saputo prendere cura di me meglio di tutti gli altri. È stato l'unico con cui ho condiviso una casa e l'unico ex che accompagnerei in ospedale di notte se ce ne fosse bisogno. Non ci vediamo più, ma ogni tanto ci mandiamo una mail. Per lui è stata dura dimenticarmi, ma dopo un po' di tempo si è innamorato di nuovo e si è sposato con Elena, un'altra ragazza del nostro gruppo, che nel frattempo aveva divorziato da Antonio, il suo fidanzato storico. Miguel ed Elena ora hanno due gemelli e una casa a Las Rozas; sembrano felici.

Per quanto mi riguarda, dopo due anni di sofferenza per la separazione da Miguel, iniziai a uscire di nuovo e decisi di compensare la scarsità di fidanzati nella mia vita recuperando il tempo perduto. Per un caso, Iván, Álvaro e Miguel erano tutti e tre dell'Ariete e, guarda un po', in due anni mi misi in pari e feci due volte il giro della ruota dei segni dello Zodiaco con ascendenti e quant'altro.

Ci sono state storie per tutti i gusti, grandi momenti e altri da dimenticare. Tra i miei preferiti, quelli che chiamo lo yin e lo yang, Vicente e Kevin. Coincisero quasi nel tempo pur essendo diametralmente opposti. Il primo era un distinto signore più grande di me di quindici anni e mi rincretinì con mostre di pittura impressionista e letture di poesia accanto al camino. Quando iniziai a sentirmi stufa di tanta cultura, non sapendo se la mia vita era un quadro o una poesia, e mi accorsi che a Vicente piaceva più fare la siesta sul divano che l'amore con me, comparve Kevin, un insegnante d'inglese ventenne che non si stancava mai del sesso.

All'inizio fu come un film: io mi sentivo Ellen Barkin in *Seduzione pericolosa.* Avevo un'incredibile scarica di adrenalina e autostima e, dopo la calma con il mio vecchio professore, mi tolsi di dosso dieci anni e recuperai di nuovo l'illusione dei venti. Fu tutto così intenso che dopo sei mesi ero sfinita dal troppo sesso e dalle troppe uscite. Finii per stancarmi di dover portare sempre il tanga, morivo dalla voglia di passare una domenica in casa con il pigiama con l'elastico in vita allentato a mettere a posto i cassetti, così dissi *bye-bye* al *teacher* con un bel bacio alla francese d'addio e recuperai la mia vita.

E poi... Poi Jaime, una storia breve ma bella che si interruppe per un'offerta di lavoro magnifica che lo portò in Australia. Io non lo amavo così tanto da attraversare il pianeta e preferii rimanere in Spagna, dove, anche se non lo sapevo, mi aspettava l'inferno di Roberto.

A volte succede, ti innamori di quello sbagliato e mandi tutto a rotoli. E tutto ciò che hai fatto fino a quel momento te lo dimentichi. Un giorno ti fermi e scopri che stai facendo cose che non avevi mai fatto per nessuno. E non ascolti quelli che cercano di avvisarti del pericolo di un rapporto così malato, perché vuoi stare solo con lui. E sei capace di disubbidire a te stessa, di tradirti, di rinunciare a quello che sei pur di non perderlo. Non trovi nessuna spiegazione a una dipendenza simile perché non c'è.

Innamorarti di quello sbagliato è la cosa peggiore che possa succederti, ma capita, io lo so bene.

Non ho chiuso occhio per tutta la notte. Ho dimenticato che i tranquillanti mi stressano. Ho sentito il canto degli uccelli, il cigolio delle persiane del chiosco del bar di fronte e ho chiuso le tende per non farmi accecare dalla luce. Quando stavo iniziando a prendere sonno, mi ha svegliato un messaggio della banca. Mi hanno appena accreditato lo stipendio. Sarà l'ultimo? Quanto ci metteranno a dirmi che non contano più su di me? Mi sto fasciando la testa prima di essermela rotta, ancora non so se faranno a meno di me in radio. Mi porto sempre avanti con le sfighe e a volte mi sbaglio e mi angoscio per niente. Juan mi sgrida sempre per questo.

"Carla, ti piace soffrire."

"Ma no, proprio per niente."

"Pensi sempre all'ipotesi peggiore."

"È un meccanismo di difesa, per non restare male se qualcosa va storto."

"Mamma mia, che teoria. Certo che su di te l'impronta della cultura giudaico-cristiana ha fatto proprio presa, cara."

"Be', non tutti siamo spensierati come te, che passi la vita a dire: 'Alla fine andrà tutto bene, alla fine andrà tutto bene'."

"Il fatto è che andrà tutto bene alla fine, Carla. La maggior parte delle volte è così. E se non va bene..."

"Vuol dire che non è ancora la fine. Ma sì, lo so già, vai

pazzo per questo detto che mio nonno ripeteva in continuazione."

"Ahi, che scarsa influenza che ha avuto tuo nonno su di te, evidentemente tu hai preso dalla nonna masochista. Per quanto sei bella e simpatica, se smettessi di fare la piagnona, saresti la donna perfetta."

Quanto vorrei anch'io essere nata spensierata o fredda e calcolatrice. Ma no, né una cosa, né l'altra, né l'altra ancora. E che colpa ne ho io? Mi hanno disegnato così, accidenti, mi hanno disegnato male.

Rumore di chiavi nella serratura, questa è Marián. Che carina che è.

"Carlita!"

Orrore, mia madre alle nove del mattino. Prendo la lavagna perché non ho un fucile sottomano. Vado ad accoglierla in salotto con i capelli arruffati e con un'espressione non esattamente affabile.

MAMMA, CHE CI FAI QUI COSÌ PRESTO?

"Mi hai detto che mi accompagnavi dal medico. Ce l'ho alle undici."

MA SE MANCANO DUE ORE, MAMMA!

"Be', preferisco portarmi avanti. E poi ti ho portato il pan di spagna allo yogurt, che tu sei capace di uscire a stomaco vuoto."

Il rapporto di mia madre con i tupperware è degno di uno studio. Un giorno o l'altro l'arresteranno per traffico di alimenti. Il mio freezer sembra la sezione surgelati del Carrefour. Ho tupperware di tutti i colori, se ci fosse un attacco nucleare potrei sopravvivere un anno intero con i miei viveri.

Di nuovo il rumore di chiavi nella serratura, questa sì che è Marián.

"Vediamo, dov'è la fanciulla maltrattata dal bruto?" grida dall'anticamera. Non sa che c'è mia madre, adesso fa un casino.

"Ti sei tagliata le vene o sei sopravvissuta?"

Ha fatto un casino.

"Ah ciao, Isabel."

"Ciao, Marián. Cos'è questa storia del bruto?"

NIENTE. UNA SCIOCCHEZZA, mi affretto a scrivere.

"Uno scherzo tra di noi, Isa. Cosa ci fai qui così presto?"

"Ho un appuntamento dal medico. Carla mi accompagna."

"Ah, benissimo."

Guardo Marián con un'espressione che dice: "Proprio quello che mi ci voleva, tutta la notte a piangere, senza dormire, e adesso mi tocca andare in ambulatorio con mia madre. Questa è una violazione dei diritti umani in piena regola".

Lei fa una smorfia come a dire: "Povera cara, che sfiga".

"Carlita, hai gli occhi molto gonfi. Hai l'allergia?"

NO.

"Sicura?"

SICURA.

"Hai pianto?"

CERTO CHE NO.

Cancello e scrivo.

PERCHÉ AVREI DOVUTO PIANGERE?

Cancello e scrivo.

SMETTETELA DI GUARDARMI TUTTI.

"Tutti chi?"

UFFA MAMMA. VADO A FARE IL CAFFÈ.

Mia madre sospetta qualcosa, ha più intuito di Horatio, quello di Csi, si toglie persino gli occhiali come lui. Se ti vuole sgamare, ti sgama, lo so benissimo da quando ero piccola.

Una volta, quando avevo quindici anni, trovò le sigarette che nascondevo in un peluche pieno di caramelle. Non si stancò finché non trovò l'orsetto contrabbandiere che custodiva il carico. Era sicura che fumassi, e pensare che io ero bravissima nel prendere precauzioni per cancellare ogni traccia che potesse farmi scoprire: mi lavavo i denti a casa delle mie amiche, mangiavo le gomme alla menta e masticavo persino le foglie di ligustro che prendevo al parco prima di entrare in casa.

I miei sospetti trovano conferma nella conversazione tra mia madre e Marián che sento dalla cucina: mamma subodora qualcosa.

"E tu che ci fai qui così presto, Marián?"

"Sono venuta a parlare un pochino con Carla. Be', non a parlare, che lei non può parlare. A chiacchierare con la lavagna, ah ah. Niente, ho appena lasciato Mario a scuola e, visto che ero da queste parti, sono salita a vedere se aveva bisogno di qualcosa."

Marián è una bravissima sceneggiatrice, ma una pessima attrice, si capisce benissimo quando nasconde qualcosa...

"Che cos'ha?"

"Come?"

"Conosco mia figlia come se l'avessi partorita. Be', in effetti l'ho partorita io. Quella faccetta dispiaciuta. Carla ha qualcosa che non va. Si tratta del lavoro?"

"No, no, va tutto bene. È un po' demoralizzata, ma è normale, dipende dall'operazione."

"Ah. Non me lo dite se non volete, ma non sono stupida. Non penserete mica che sia nata ieri."

Interrompo l'interrogatorio facendo gesti con la caffettiera, come un cameriere straniero. Mi dicono tutte e due sì, che lo vogliono. Metto la tovaglia, le tazze e sistemo il latte e il pan di spagna di mamma accanto alla caffettiera. Tutte e tre zitte, intorno al tavolo rotondo, sembriamo le ragazze di *Cuori senza età* in una brutta serata. Mia madre, la più sveglia, quella che potrebbe essere la Sophia del trio, rompe il silenzio facendo la distratta.

"Carla, cos'è successo con Roberto? Ti ha richiamato?"

A Marián va il pan di spagna di traverso e io divento rossa come un pomodoro sul ramo. Mamma fa un'espressione inconfondibile di soddisfazione, sa che ci ha stanato, non c'è niente che le provochi più piacere. Mi affretto a scrivere sulla lavagna.

NO. MEGLIO CHE NON CHIAMI.

"Già," dice mamma con poca convinzione.

"E da quale medico andate, Isabel?" Marián irrompe così bruscamente nella conversazione che il suo turbamento è ancora più evidente. Si sta meritando un Razzie come peggiore attrice.

"Da quello di base. Ci vado solo per le ricette," risponde la mamma a Marián senza smettere di guardarmi. "Sarà una cosa di pochi minuti."

Indico loro la caffettiera con l'espressione inequivocabile di: "Altro caffè?". Marián ci mette la tazza sotto senza smettere di guardarmi e mia madre rifiuta l'offerta:

"No, che poi non dormo e bisogna dormire. È molto importante riposare, altrimenti poi uno è intontito e non riesce a pensare".

Io e Marián ci guardiamo con la coda dell'occhio mangiando il pan di spagna. Mamma ci ha dato una bella lezione. Non la prendiamo in giro: mia madre è una donna.

Sembra un'ovvietà, ma il fatto è che a volte ti dimentichi che tua madre è come te, che non ha mai smesso di essere una donna. Certo, è normale che ce lo si dimentichi: da quando siamo bambini, fa un gran piacere il calore della sua carezza, nessuno ha le mani morbide e calde come le sue, nessuno saprebbe imitare quel gesto di avvicinare il proprio viso alla tua fronte per verificare se hai febbre. Va benissimo che mangi lo yogurt scaduto e che tolga il nero dalla banana per cederti la parte che ti piace. È fantastico che ti abbottoni il cappotto quando parti di corsa verso le altalene e che lasci tra lei e te la distanza esatta che ti fa sentire libera e al tempo stesso ti permette di averla sotto controllo, di accertarti con una rapida occhiata che è sempre lì.

A volte vado a casa sua e, per dimostrarle che sono una brava figlia, mangio quello che prepara, che è squisito – Gordon Ramsay le farebbe un applauso o, per non tradire il suo stile, userebbe qualche espressione colorita, che probabilmente sarebbe: "Questa roba è dannatamente buona, signora". Da brava figlia, anch'io le faccio complimenti con lo stesso stile – e questo le piace moltissimo –, la aiuto a sistemare la cucina e quando voglio proprio strafare nella mia parte di figlia esemplare, le concedo l'onore di rimanere con lei invece di scappare come una furia per andare a fare un pisolino a casa, come faccio la maggior parte delle volte. E per dare l'ultimo tocco le faccio la cortesia di distendermi sul suo divano e tirarmi su la sua coperta, dormicchiare accanto a lei e lasciare che mi parli mentre io riposo, che magari sono un po' indisposta o sta per venirmi il ciclo. Per lei è un regalo e io me ne vado da casa sua contenta e soddisfatta.

È così piacevole rifugiarsi nel mondo della mamma, anche quando hai cinquant'anni che, a volte, dimentichi chi è lei, quella che sta dietro il titolo di "mamma". E dimentichi che ha sogni e frustrazioni tutti suoi, desideri e bisogni propri, che ha una vita sua e che questa non gira unicamente intorno a te. Tua madre è tua madre, quella che a volte non sopporti, ma è quella di cui, se te lo chiede un estraneo, dici che è la migliore del mondo, la più buona, la più bella e la più tutto e che si merita un quadro fatto di pasta su cui sia scritto: "Ti voglio bene, mamma". Ma, prima di tutto, tua madre è una donna. Conviene tenerlo in conto.

TERZA SETTIMANA

You can cry a million tears
You can wait a million years
If you think that time will change your ways
Don't wait too long.

(Puoi versare un milione di lacrime / Puoi aspettare un milione di anni / Se pensi che con il tempo cambierai / Non aspettare troppo.)

Don't wait too long, Madeleine Peyroux

Non so perché do retta a Marián. Non so perché mi sto preparando per questo appuntamento. Stavo attraversando un momentaccio e non ho saputo analizzare bene la cosa, è successo due settimane fa, nei giorni che sono seguiti a quello sgradevole scambio di messaggi con Roberto. Sono stati i primi dopo la nostra rottura e tutto fa pensare che saranno gli ultimi della nostra storia. Che brutto chiudere un rapporto con un OK. Un *all right* sarebbe stato meno freddo, almeno è più lungo.

Marián mi ha sgridato, mi ha detto che non potevo andare avanti così, ammalandomi, vivendo nella tristezza perenne, rimanendo attaccata a Roberto e impedendo a una persona nuova di entrare nella mia vita.

"No, dico sul serio, Carla, adesso basta. Sette mesi sono molti. Quando darai per concluso questo periodo di lutto?"

NON LO SO.

"Be', io sì. Basta così. Adesso."

VUOI UCCIDERMI?

"No, voglio connetterti a Internet. Finalmente conoscerai qualcuno."

SU INTERNET? MA NEANCHE PER SOGNO!

"E invece ti dico di sì."

SENTI, NON SONO COSÌ DISPERATA .
IO NON SONO UNA NERD.

"Nerd? Ma tu lo sai quante persone si conoscono su Internet? Che differenza c'è rispetto a conoscersi in un bar?"

CHE VEDI LA PERSONA?

"No, in un bar vedi la persona da fuori, ma non sai chi è. Su Internet è il contrario, prima scopri com'è dentro e poi ti mostra la faccia. Che importa l'ordine dei fattori? In questo caso ti lasci guidare dall'interiorità, come dovrebbe essere. Magari ti innamori di un ragazzo eccezionale che non avresti mai guardato."

O DI UNO PSICOPATICO.

"Certo, perché invece per strada non ci sono psicopatici! Tu non conosci bene la mia vicina del piano di sopra. Chi ti dice che da qualche parte non ci sia qualcuno che ha i tuoi stessi sentimenti, che la pensa come te, che si incastra alla perfezione con te? Insomma, cos'hai da perdere?"

IL TEMPO?

"E dai, Carla, non mi far ridere. Adesso hai tutto il tempo del mondo. In questo momento della tua vita, Internet è il mezzo ideale per conoscere qualcuno. Pensaci: non devi parlare! Ascoltami, se non altro ti divertirai un po' e ti dimenticherai, almeno per qualche ora, del tuo incubo. Ah, e tornerai a sentirti sexy. E non aggiungo altro."

Marián è testarda come un mulo; prima che potessi rendermene conto, ero già connessa a un sito di incontri. Mi sembrava completamente assurdo. Comunicare con uno sconosciuto di cui vedi solo una foto – che magari non è neanche la sua – e il *nickname*, o come si chiamano quei nomignoli ridicoli di Internet.

Per natura sono una grande conversatrice, ho bisogno della mimica facciale per esprimermi, so come devo toccarmi i capelli per risultare sexy e come fare delle smorfiette irresistibili, certo, non sono la donna più sensuale del pianeta, ma ho le mie armi e il mio pubblico. E invece, per iscritto... Come farò a sedurre in questo modo?

La mia prima incursione su Internet è stata un pomeriggio in cui pioveva rabbiosamente. In casa, sul tappeto del salotto, Mario, il figlio di Marián, giocava alla Play, estraneo al nostro confabulare. Io e sua madre, insieme, davanti al computer, preparavamo l'attacco. Io avevo un terribile senso di colpa pensando all'internauta che avrebbe fatto parte del nostro piano, all'uomo che avrebbe pensato di intrattenere una conversazione intima. Un povero sprovveduto che ignorava di avere un pubblico al di là dello schermo: a Marián mancavano soltanto i popcorn, era entusiasta.

La scena mi sembrava crudele. Ma, d'altro canto, chi mi diceva che lui non era circondato dai suoi amici, intorno a un portatile, aspettando bramoso che una mosca cadesse nella rete intessuta dal ragno per farsi quattro risate a spese del povero insetto?

"Dai, Carla, inizia con questo qui, 'H.W. Jones'. Guarda il suo profilo: 'Dolce, chiacchierone, sono un Indiana Jones perché la vita è un'avventura... Mi piace anche il cinema francese'."

LA VITA È UN'AVVENTURA?
INDIANA JONES?
IL CINEMA FRANCESE?
CHE COGLIONE.

"Lo sapevo. Dai, non fare l'acida, non lo conosci per niente, magari è una persona eccezionale e se no non fa niente, ti alleni e ci facciamo quattro risate. Digli qualcosa per farti salutare, non lo so: 'Sono nuova qui, mi puoi aiutare?'. Così si sentirà il tuo eroe alla ricerca della scopata perduta. Dai, accidenti, scrivi."

E siccome sono una stupida, l'ho fatto:

```
Ciao, sono nuova qui,
mi puoi dare una mano?
```

```
Ciao ciao, di cosa hai bisogno?
```

CIAO CIAO? MA CHE CAVOLATA È?

"Su, Carla. Non analizzare tutto così tanto. Dai un po' di credito a questo ragazzo."

RAGAZZO? MAGARI È UN VECCHIO O UNA DONNA.

"Forza, rispondi subito, non fare la pesante."

CHE GLI DICO?

"Qualcosa di allusivo, devi risvegliare la sua curiosità. Ad esempio digli: 'Di cosa ho bisogno? Di tante cose... ah ah... Da dove inizio...?'."

L'ho scritto proprio così, con tanto di "ah ah". E l'avventuriero Jones mi ha risposto immediatamente:

```
Ma dai, non sarà che chiedi molto? ;-)
```

PERCHÉ DICE CHE CHIEDO MOLTO?
NON MI CONOSCE PER NIENTE!
MA VAFFANBAGNO.

"Carla, Carla, sta flirtando con te, ti ha persino messo una faccina, nel caso non avessi capito che ti sta provocando. Ma vedo che no, non lo hai colto."

QUESTA COSA NON MI PIACE PER NIENTE.

"Ma sì, vedrai com'è divertente."

TU SEI SCENEGGIATRICE, IO NO.
IO NON SO FLIRTARE SENZA VOCE.

"Dai, Carla, falla finita. Hai quasi quarant'anni. Non mi dire che non sai alludere con le parole! È come parlare, solo digitando. Scrivendo puoi essere più libera. Forza, digli qualcosa, altrimenti si stanca di aspettare."

UN'ALTRA FRASE E POI BASTA.

E ho scritto:

```
          Be', non so se chiedo molto o poco,
            quello che so è che do di più...
```

"Oh, ben fatto, questa sì che è la mia ragazza! E sostenevi di non essere capace! Vediamo cosa ti dice... Ahi ahi!"

```
Bene bene, quindi vuol dire che sei "generosa".
```

MI STA DANDO DELLA BAGASCIA?
MI STA DANDO DELLA BAGASCIA!

"Ma no, no. Sta giocando e alza la posta per vedere dove arrivi tu. Sei una donna, Carla, non una bambina che se la fa sotto. Vediamo chi mette paura a chi. Dai, fatti sotto..."

COME? COSA GLI RISPONDO?

"Non so, qualcosa che lo sconcerti."

E così ho scritto la cosa più sconcertante che mi è venuta in mente:

`Dipende.`

"No! 'Dipende' è una trappola, Carla, adesso lui ti chiederà da che dipende..."

`Da che dipende?`

MA SEI UNA VEGGENTE O COSA?!

"Sono una sceneggiatrice. Vediamo, calma e gesso, adesso devi dire qualcosa di sfrontato se no passi per una ragazzina insignificante."

E mi sono messa a rispondere compulsivamente, come se un fantasma stesse scrivendo i miei pensieri.

`Dipende dalla voglia che ho...`

"Aspetta, Carla, adesso sì che sembri una bagascia!" E ho continuato a digitare senza fare caso a Marián:

...dalla voglia che ho di concedere la mia attenzione a qualcuno. Se capisco che se lo merita sono generosa, sì. Molto.

Ed è molto difficile guadagnarsi questo privilegio?

No, ma è facile perderlo.

Ah, sei una dura.

No, diciamo che ho imparato a prendermi cura di me.

Questo mi piace. Le persone che non chiedono a nessuno di prendersi cura di loro sono proprio quelle di cui mi viene più voglia di prendermi cura...

A quel punto mi sono bloccata. Ho pensato a Roberto. A tutte le volte che avevo reclamato la sua attenzione, a quanto risultasse frustrante per me che non gli venisse voglia di interessarsi al mio mondo e a quello che provavo. Mi sono ricordata di come mi portavo avanti rispetto alle sue risposte nella mia impazienza di trascinarlo verso di me e come lo irritava che lo facessi. Forse se non gli avessi mai chiesto di prendersi cura di me, avrebbe provato il desiderio di farlo.

Devo andare, ho un appuntamento. È stato un piacere.

Piacere mio. Tornerai?

E sono uscita dalla pagina senza rispondere, pensando che no, non sarei mai più tornata a parlare con un estraneo di quello che provavo. Io non so fingere, quello che sento si vede dal marciapiede di fronte. Sono trasparente come una medusa, il problema è che il veleno lo rilascio solo in qualche occasionale colpo di genio, ma un minuto dopo me ne pento. Una medusa da campionato regionale, ecco cosa sono.

Quella notte ho fatto fatica a prendere sonno, quel cavolo di Indiana Jones mi aveva lasciato un'idea avvelenata che mi centrifugava in testa. E se avessi saputo mantenere la calma con Roberto? E se avessi fatto sfoggio della pazienza che ho, per esempio... quando sciolgo i nodi delle catenine d'oro sottili? Non ho saputo, non sono stata in grado di mantenere tesa la corda che mi univa a Roberto, mi sono lanciata ad amarlo come un kamikaze, senza considerare che sarei morta nell'attacco come un pilota giapponese. E ci ho lasciato le penne. Non ho saputo farlo, io non so amare e contenermi allo stesso tempo.

Poi però mi sono collegata il giorno dopo e quello dopo ancora. E devo riconoscere che mi sono fatta prendere dalla dinamica di parlare con quello sconosciuto. E gli ho raccontato più cose di me di quanto avrei voluto, e lui ha fatto lo stesso con me.

Una notte, intorno alle due, dopo esserci scambiati confidenze e un paio di canzoni, mi è venuta voglia di vederlo e lui, che a quanto pare ha indovinato i miei desideri, mi ha proposto un appuntamento. Una cena. Io ho preferito un caffè pomeridiano alla cena. Se la complicità dello schermo fosse perdurata nella vita reale, ci sarebbe stata una cena e altrimenti sarebbe finito tutto con un: "Grazie, è stato un piacere, ci sentiamo". Io e Marián sosteniamo che "ci sentiamo" significa, la maggior parte delle volte, "non ho troppo interesse a rivederti".

Oggi è il giorno e sono nervosa. Non mi sarei mai immaginata che sarei andata a un appuntamento surreale come questo. Uff, whatsapp, ci mancava solo questa.

Ciao, principessa.

Ciao, Juan.

Hanno aperto un indonesiano sotto casa mia. Andiamo?

Stasera?

Sì, passo a prenderti tra un'ora.

Non posso.

Perché?

Sto uscendo.

Ah, sì?

Con chi?

Un'amica.

Marián?

Dille di venire con noi!

No, non è Marián.

Non la conosci.

Perché sto mentendo a Juan? Gli ho sempre raccontato tutte le mie avventure...

È una ragazza della radio.
Vuole raccontarmi una cosa in privato.

Ah...

Odio mentirgli, ma mi vergogno a dirgli che ho appuntamento con un tizio che ho conosciuto su Internet. Abbiamo sempre criticato quelli che si dedicavano alla seduzione virtuale: "Bisogna essere proprio disperati per fare una cosa del genere: è da nerd!". Sì, Juan morirebbe dalle risate alle mie spalle.

Vabbe', sarà per la prossima volta...
Stai bene?

Sì. Baci.

Tanti baci.

Non può essere buona una cosa che non puoi raccontare al tuo migliore amico. Questo non è normale. Non mi piace. E se questo tizio mi ammazza? E se mi deruba? Se mi violenta? Se mi fa tutte e tre le cose? Marián mi ha chiesto di dirle dove saremo, credo che anche lei abbia paura, anche se ha passato tutto il giorno a farmi coraggio:

Non succederà niente di male, Carla.

Però ogni tanto mandami un whatsapp per dirmi che va tutto bene e se cambiate posto mandami le coordinate.

Mi stai spaventando.

Ma no, andrà benissimo.

Ma così io mi sento più tranquilla.

Sai che è come se fossi la tua sorella maggiore.

Anche se sembro molto più giovane...
Ah ah.

Marián mi ha detto di vestirmi da bomba sexy, magari sto sottovalutando Indiana Jones ed è un Harrison Ford in piena regola, e dovrò sparare tutte le mie cartucce. Io però non le ho prestato molta attenzione. Sono mediamente carina, come dico io, e mi sono legata i capelli per sembrare più seria. Se gli piaccio con la coda, gli piacerò di più quando me la scioglierò... Accidenti, meno cinque, abbiamo appuntamento tra cinque minuti. Sono in megaritardo, come sempre.

Vediamo, borsa, chiavi e telefono. Forza, si va al patibolo.

Carla, posso
chiederti una cosa?

Juan? No, faccio tardi, gli risponderò dal taxi. Entrando in ascensore mi guardo allo specchio e sorrido con civetteria. Era un bel po' che non mi vedevo vestita e truccata per uscire, sembro un'altra.

Invidio quelle donne che, in casa, con un paio di pantaloni e una maglietta, stanno da favola. Io no, io sembro una ragazzina sotto esami, trasandata, con la mia tuta da casa, i capelli raccolti con una matita e zero *sex appeal.* Se Indiana mi avesse visto dalla webcam del computer, non penso che mi avrebbe proposto di incontrarci.

Per strada, alzo la mano e un taxi si ferma davanti a me. Sono stata fortunata, ho dovuto aspettare pochissimo. Una volta a bordo, mi rendo conto dell'inghippo. Non posso parlare. Gli faccio cenno di aspettare un attimo e scrivo sul foglio degli appunti del telefono:

MI SCUSI, NON POSSO PARLARE. CAFÉ COMERCIAL, GLORIETA DE BILBAO. GRAZIE.

"Benissimo. Quale strada vuole che faccia?"

Ma insomma, non posso parlare, non mi complicare le cose anche tu. Gli faccio un gesto come per dire: "Quella che vuoi, portami e basta".

"Prendo Bravo Murillo, signorina."

Faccio una smorfia come per dire: "Va bene". Ormai so fare così tante espressioni che al gioco dei film potrei battere una squadra di mimi.

Il tassista mi guarda nello specchietto retrovisore con una certa diffidenza. Credo che lo inquieti il fatto che io non possa parlare. Naturalmente lui non conosce la vera Carla, quella che quando prende un taxi racconta la sua vita al conducente, quella che discute con loro su ciò che passa alla radio durante il tragitto e su ciò che sta succedendo nel mondo. Adoro parlare con i tassisti, è una mia debolezza.

Potrei scrivere un libro raccontando le conversazioni di tutti i colori che ho avuto durante le corse in taxi. Marián dice che, senza di me, la cooperativa taxi di Madrid chiuderebbe, che ho una fissazione per questo mezzo di locomozione. E sì, lo riconosco, preferisco risparmiare su altre cose, ma prendere un taxi mi sembra uno dei grandi piaceri della vita, anche questo l'ho ereditato da mia nonna, come la faccenda delle unghie e dei tranquillanti stressanti.

Di tutte le storie che mi sono capitate sui taxi, ce n'è una che mi ha segnato. Dovevo andare a fare un programma speciale alla fiera del turismo di Madrid. Presi il taxi davanti al portone della radio, uno dell'emittente con cui lavoriamo sempre.

Dopo aver dato al tassista l'indirizzo, tirai fuori dalla borsa un pacchetto di gomme da masticare e gliene offrii una. La faccia con la quale quel signore mi guardò dallo specchietto, come se io fossi una marziana appena atterrata a Madrid, mi lasciò così sconcertata che arrivai a pensare che forse quell'uomo praticava qualche strana religione che gli impediva di masticare gomme alla menta prima di mezzogiorno e che, probabilmente, lo avevo offeso con la mia offerta. Penso sempre all'ipotesi peggiore.

"In venticinque anni che faccio questo lavoro, nessuno mi ha mai offerto una gomma," mi disse mentre faceva delle contorsioni per prenderla dalla mia mano senza lasciare il volante.

"Addirittura!" Fu la cosa più intelligente che mi venne in mente in un momento così teso.

"Be', né una gomma né altro," aggiunse tra le risate. E si mise a scartarla con una cautela tale che sembrava si trattasse proprio dell'anello di Sauron.

"Grazie, cara."

E a me spuntarono le lacrime. Non per il "cara", che comunque mi fece piacere – ci sono giorni così difficili che qualsiasi parola gentile ti rivolgano ti tocca l'anima –, né per il "grazie", un termine più in disuso del telefono fisso. Ma per l'idea che nessuno, in venticinque anni, avesse mai offerto niente a una di quelle persone con cui si condivide uno spazio ridottissimo, anche se solo per qualche minuto. E sì che in un quarto di secolo su quel taxi devono essersene scartate di gomme e altre cose!

No, non è che creda di meritare il Nobel per la pace per aver offerto una gomma del cavolo. Ma riconosco che mi sentii fortunata per aver avuto chi mi ha insegnato, nei miei primi anni di vita, che condividere è una cosa naturale. E in questi tempi squattrinati tocca più che mai condividere tutto. I vantaggi e le perdite, le buone notizie e la sfortuna. Certo, vogliono privatizzare anche le cose più elementari, ma non potranno con quello che dobbiamo fare gli uni per gli altri.

Ripensando all'aneddoto della gomma mentre mi rimettevo il lucidalabbra, non mi sono accorta che siamo arrivati a destinazione. Pago, scendo, mi abbottono il cappotto che mi ero sbottonata per non morire con il riscaldamento del taxi e varco la soglia del locale. "Il tavolo in fondo a destra, accanto alla colonna." Indiana mi aveva dato le istruzioni nel suo ultimo messaggio, non potevo sbagliarmi. Seduto, incollato al suo portatile come avevamo concordato, un uomo... come dire? Un giovane uomo... un ragazzo... normale. Normale o scialbo, non lo so. Né bello né brutto, né triste né allegro, né giovane né vecchio, in quattro parole: né carne né pesce.

"Finalmente ci conosciamo, María. Sono Ramón."

Ci diamo due baci e io gli sorrido. Mi dispiace un po' che mi chiami María, ma non ho voluto dargli il mio vero nome, come se facendolo stessi raccontando troppo di me a quell'estraneo con cui mi sono svestita per settimane a colpi di tastiera, che stupidaggine.

"Siediti, per favore. Mi fa una sensazione così strana che tu non possa parlare."

Faccio un'espressione che significa: "Già, non dirlo a me".

"Ho pensato che, se sei d'accordo, potremmo scrivere tutti e due sul mio computer. Per comunicare, voglio dire..."

Assento con lo sguardo e mi alzo dal mio posto per sedermi accanto a lui. Non mi piace il suo odore. Non mi piace questo profumo. Iniziamo male. Se Marián fosse qui, mi direbbe di non fare troppo la difficile e che sistemare la faccenda del profumo è facile: "Gli regali quello che piace a te e basta, ci sono altre cose che contano, Carla, le cose importanti".

Mi sembra di sentirla, ha sempre una risposta per tutto, è decisa al punto da risultare irritante.

Ramón scrive cercando di rompere il ghiaccio:

`Com'è andata la giornata?`

`Bene.`

`Cos'hai fatto?`

Bah, che tracollo. Che ho fatto? Ma che ne so. Cercare di non pensare a Roberto come negli ultimi mesi e di non soffrire pensando al lavoro come negli ultimi anni. Scrivo la prima cosa che mi viene in mente.

`Leggere i giornali,`
`guardare la tele,`
`una torta di mele.`

`Tu cucini?!`

Sì, cucino, vedo la televisione e leggo i giornali. Sono una persona piuttosto normale, mi piacerebbe raccontargli che ho fatto bungee jumping dal viadotto o il cubo di Rubik in quattro mosse, ma no, sono una donna come tutte le altre.

`Sì, a volte cucino, quando ho tempo...`

`Se ti dico una cosa non ti arrabbi?`

Che brutto effetto fa questa frase. Di solito è il preludio a un'affermazione maleducata, a un'insolenza o a un'uscita fuori luogo. Sentiamo... poi vedi come mi arrabbio.

`Spara.`

E io perché dico "spara"? Non uso mai questa espressione, l'avrò sentita in qualche telefilm americano, mi vergogno di me stessa.

`Sei molto attraente.`

E questo dovrebbe infastidirmi? "Sei molto attraente" è una cosa negativa? Be', magari per lui sì, attenzione, c'è gente che dà un significato tutto suo alle parole. Magari per Ramón "attraente" è sinonimo di orrido mostro.

`Non so cosa dire...`

`Non dire niente, non puoi parlare, ah ah.`

`Ah ah.`

Dio santo, che noia questa conversazione.

`Cosa vuoi bere? Così quando arriva il cameriere non ti metto nell'imbarazzo di dover fare il mimo.`

`Un bicchiere di acqua gassata e un chupito di whisky.`

Questo l'ho copiato dal mio amico Jesús e di solito lo ordino nelle situazioni che mi innervosiscono. Io dico ordinare un "jesús"; non arriva a essere un vero e proprio cocktail e quindi non mi dà alla testa, ma comunque mi toglie la tensione e mi dà una certa sicurezza.

`Pensa tu, che strano, credevo che avresti ordinato un tè o un caffè.`

Ma perché dice un'idiozia del genere? Non assomiglia per niente al tipo interessante con cui ho vissuto la mia prima storia virtuale. È nervoso e per questo dice frasi così vuote e noiose? Avrà mandato un amico perché lui non aveva il coraggio di venire? Questo non è il mio Indiana, me lo hanno sostituito.

Il cameriere interrompe la mia riflessione e mi salva dal dover scrivere qualcosa. Gliene sono grata: sinceramente il suo commento non mi fa venire in mente nessuna risposta.

Ramón è piacevole, educato, sollecito, almeno in questi primi istanti del nostro appuntamento, magari tra dieci minuti mi starà mettendo la mano su una tetta e mi toccherà mandarlo al diavolo. Ma no, non pare intenzionato a farlo, tutto sembra indicare che è un ragazzo d'oro.

Il cameriere compare con le nostre bevande e Ramón non mi permette di pagare. Quando mi avvicina il mio "jesús" mi sfiora leggermente la mano e... fine dei giochi. Ramón non è "lui". No. Io lo so, la pelle non inganna mai, quando qualcuno mi tocca, so già se mi potrebbe piacere o no e lui... lui no.

Cinque "jesús" dopo, siamo morti dalle risate mentre digitiamo sciocchezze sul suo computer, mi sto sinceramente divertendo, anche se, una volta svelato il mistero, si è rotto l'incanto.

Non andrò avanti con questa storia perché non ha futuro e non voglio fare del male a nessuno. Sì, e soprattutto perché non mi va. Mi dispiace. Mi dispiace moltissimo. Io non voglio che mi tocchi Ramón, voglio che mi tocchi Roberto, voglio che mi baci Roberto, voglio che sia lui a spogliarmi, io... io non potrò mai amare né desiderare nessun altro, sono morta come donna. Riposerò in pace, circondata da gatti.

Usciamo dal bar dopo che Ramón ha chiuso il suo portatile con un'ultima frase scritta da me sullo schermo:

`Ci sentiamo.`

Gli ho detto che vivo a casa di Juan, non volevo dargli il mio indirizzo perché... perché no. D'accordo, è un po' crudele non raccontare la verità a un ragazzo carino come lui, ma il fatto è che non porterò avanti questa storia e non voglio sorprese né persecuzioni ossessive. Non mi fido più di niente e nessuno.

Ramón, che è tanto gentile, si è offerto di accompagnarmi a piedi. Gli ho detto di aver lasciato le chiavi in casa ma che c'è mio fratello perché passerà qualche giorno con me – perdonami, Javi, so che sei nell'aldilà, ma stavolta dovevi coprirmi, sei mio fratello, accidenti. Una volta arrivati al portone di Juan, suono il citofono e si produce una scena surreale.

"Pronto? Chi è?"

"Ciao, Juan, c'è tua sorella María, ha dimenticato le chiavi."

"Mia sorella...?!"

"Sì, sono un suo amico, parlo io visto che lei non può parlare."

Sento la persiana dell'appartamento di Juan che si apre, lui si affaccia e vedo la sua espressione sbalordita da giù. Alla fine apre e io mi congedo da Ramón con due baci. Credo che sappia anche lui che questa storia non continuerà. Gli sorrido con tutta la dolcezza di cui sono capace. La vita è ingiusta, ci piace quello che ci piace e solo la pelle di alcune persone è in grado di parlarci.

Quando arrivo all'appartamento di Juan, la porta è già aperta e lui è per metà fuori, quasi sul pianerottolo. Non può dissimulare il suo sconcerto.

"Carla, che succede?"

Vado come un toro scatenato fino al salotto. Mi tolgo il cappotto, appoggio la borsa, mi tolgo le scarpe e mi siedo sul divano, abbracciata a un cuscino.

"Mi puoi spiegare? Che ci fai qui a quest'ora? Chi è quel tizio? Perché ti chiama María? Tu non dovevi vedere una tua amica?"

Qui non ho la lavagna e non ho neanche molta voglia di dare spiegazioni. Gli scrivo su un foglio che sono stravolta, che vorrei dormire a casa sua e che ho bevuto molti "jesús" senza mangiare e ho un po' di nausea.

"Senti, Carlita, tu sei fuori come un balcone, tesoro mio. Vieni senza avvertire... Non capisco. Sei assurda. Ti lascio, ho ancora un sacco di lavoro."

Juan continua a inveire, ma io non lo sento quasi più, sono distesa sul suo divano come in tante altre occasioni. Non è la prima volta che dormo in questa casa, non so perché si perde in tutte queste formalità, non ci avvisiamo quasi mai prima di farci visita. Tra l'altro non ho la forza di discutere, la stanza mi gira intorno, chiudo gli occhi e compaiono immagini più psichedeliche di quelle di un video di Animatrix.

Mi accoccolo sotto la coperta e cerco di dormire. Come direbbe Rossella O'Hara, ci penserò domani.

Mi sono svegliata sul divano con la schiena a pezzi. Tra l'altro l'ingestione massiccia di "jesús", a stomaco vuoto, mi ha fatto venire un forte mal di testa. Sono stanca come se avessi fatto una gara di triathlon.

Juan è già pronto per la battaglia quotidiana in agenzia. Fresco di doccia, con uno di quei completi italiani con giacca e pantaloni che gli calzano a pennello, si aggira per casa con la sua tazza dei Beatles in mano. Al suo passaggio va lasciando una scia deliziosa di Bleu di Chanel che gli ho regalato al suo ultimo compleanno. Quel profumo mi fa impazzire. A Roberto non piaceva per niente che gli regalassi i profumi, accidenti. Ecco qui, non sono ancora le nove e ho già pensato a lui. Vade retro, Satana, fuori dalla mia testa!

"In cucina ci sono caffè, arance se vuoi farti una spremuta e forse dei biscotti."

Il tizio in giacca e cravatta è molto serio. Non mi ha detto neanche "buongiorno". Mi sento come una ragazzina che si è comportata male e che il padre fa finta di ignorare per punirla. Arrivo in cucina trascinando i piedi, non ho la forza di spremere le arance, perciò prendo un paio di biscotti e li inzuppo stancamente in un caffellatte, molto carico, in cui ripongo tutte le mie speranze di resurrezione.

"Io vado, Carla. In bagno ci sono asciugamani puliti, bagnoschiuma e shampoo. Quando te ne vai, tira la porta con forza, a volte si blocca."

Juan mi dà un bacio di sfuggita, come se fossimo una coppia annoiata sull'orlo del divorzio. Non so cosa gli ho fatto perché sia così antipatico con me, non mi sembra così grave quello che è successo ieri sera. Juan è venuto mille volte a casa mia dopo aver bevuto qualche bicchiere di troppo e una di queste, oltre ad aver bevuto qualche bicchiere di troppo, si era portato dietro anche una ragazzina di vent'anni più stupida di una zucca vuota. Non potei far altro che ospitarli, perché Juan aveva perso le sue chiavi nella confusione della serata e mi toccò dormire con i tappi nelle orecchie per non sentire le risate e i mugolii della Miley Cyrus da quattro soldi che mi aveva invaso casa.

In fin dei conti le persone che vivono da sole diventano strane, io inizio ad accorgermene da me. Mi fa molto piacere che vengano i miei amici, ma a una cert'ora mi viene voglia di cacciarli fuori con una scopa. E quando chiudo la porta e resto sola con Viggo, sono sommamente felice.

Ho iniziato ad avvertire questo disagio quando ho cominciato a uscire con Roberto. Lui era così poco socievole, così restio a relazionarsi con gli altri che ho finito per isolarmi. Se vedevo lui, non prendevo appuntamento con nessun altro. Io e lui, da soli, o, per meglio dire, io da sola, anche se stavamo insieme.

M'infilo sotto la doccia, voglio arrivare presto a casa. Viene David a mangiare da me. Sono settimane che non lo vedo e voglio preparare qualcosa di buono.

Juan non ha la radio in bagno, come mi è sembrato strano farmi la doccia in silenzio, se almeno potessi cantare...

In compenso ha una televisione in camera, la accendo per ascoltare le notizie mentre mi districo i capelli e lascio che mi si asciughino all'aria. Con la potenza del riscaldamento di questo appartamento si potrebbero seccare baccalà sufficienti a soddisfare il fabbisogno di tutto il Portogallo. Io credo che Juan abbia cercato una casa con questa temperatura per costringere le sue conquiste a spogliarsi non appena ci entrano.

Non ha neanche una spazzola, una faticaccia, perché districare i miei capelli con un pettine non è un'impresa da poco. Ne ho fin sopra i capelli dei miei capelli. Sì, sono comodi, ma stufano. Avere i capelli ricci significa non essere mai pettinata del tutto, e poi ti toglie credibilità: mi hanno raccontato che se fai la presentatrice del telegiornale ti passano la piastra sui capelli appena ti vedono entrare in sala trucco.

Osservo la donna che legge le notizie, bellissima, perfettamente pettinata, con i capelli liscissimi... Sta parlando di Gibilterra. Dio santo, un argomento della mia infanzia. Ogni tanto rispunta. Ultimamente le vecchie faccende stanno tornando alla nostra realtà.

Ho la sensazione che stiamo tornando al futuro. La televisione pubblica sta virando al bianco e nero. L'estate scorsa sulla Rtve mi sono sparata due puntate del telefilm degli anni settanta dedicato allo spietato *bandolero* andaluso Curro Jiménez e una del documentario *El hombre y la tierra*, precisamente quella sul lupo. Entrambe molto in linea con la realtà che stiamo vivendo. Per definire ulteriormente il momento storico, sarebbe più che opportuno recuperare la mitica serie americana *Il ricco e il povero.*

Tornare al futuro andrebbe bene se durante il viaggio recuperassimo momenti dolci del passato, come il primo concerto o la prima sveltina; se togliendoci tutti i progressi fatti fin qui, ringiovanissimo dentro e fuori e recuperassimo gli anni migliori con tutta la saggezza conquistata nel frattempo.

Ti immagini? Tornare ad avere vent'anni sapendo quello che sai adesso. Con tutta l'audacia, l'energia e il vigore fisico e, soprattutto, con un sacco di esperienze vissute che ti mostrano, di fronte a ciascuna decisione dei vent'anni, la risposta idonea con la chiarezza di un libretto di istruzioni.

C'è un'opzione per far sì che il tuo computer funzioni meglio che mi affascina: si chiama "ripristino" e consiste nel riportare il cervello della macchina al punto in cui funzionava meglio; a partire da quel momento, recupera tutto lo smalto e va di nuovo come una bomba.

Se anche noi potessimo usare la funzione "ripristino", sarebbe davvero straordinario: "Senta, mi rimandi alla sera del 17 luglio del 1990, sulla spiaggia di Estepona, con il mio fidanzato di allora, il giorno più felice della mia vita". E appariresti nel momento di massima effervescenza interiore, con il nervosismo, l'emozione, le voglie e le sensazioni di quell'istante.

Ma no, stiamo tornando a un futuro che non ha colore e se ce l'ha è blu scuro quasi nero – come il titolo del magnifico film di Sánchez Arévalo. Un futuro sul quale non ci azzardiamo a sognare.

Siamo in un mare immenso in cui iniziano a mancare salvagenti per tutti. Bisogna nuotare, non resta altro da fare. Continuare a nuotare con la speranza che, prima o poi, qualcuno gridi che ha avvistato la terra.

Spengo la televisione, mi metto le scarpe e me ne vado. Tiro la porta con forza, come mi ha detto Juan. Visto come si è svegliato storto, qualunque cosa gli farà saltare la mosca al naso.

Uscire e ritrovarsi per strada è un vero e proprio toccasana. Fa freddo, ma splende quel meraviglioso sole invernale così tipico di Madrid. Mi arriva un messaggio, di sicuro è Juan, è rinsavito e vuole farmi un salutino. Be', adesso faccio la dura, non gli risponderò subito.

Ciao, Carla. Sono Cris.

Paco, il tecnico, mi dice di
non ricordare la musica delle campagne
natalizie delle Profumerie Sol.

Tu ne sai qualcosa?

Dobbiamo registrare gli annunci
e non troviamo la melodia.

Spero che tu stia meglio. xxx

Gli annunci di Natale? Li registra Cristina? Ma se tutti gli anni dicono più o meno la stessa cosa! Non capisco. E sì, so qual è la musica, è una intro di *A change at Christmas* dei Flaming Lips. L'ho scelta io, quella musica è mia.

Ciao, Carla, sono Paco. Come va?

Senti, non trovo la melodia per gli annunci
natalizi di Sol.

Non l'avevi portata tu?

Mi ricordo qualcosa ma non sono sicuro...

Guarisci presto, ci manchi.

Pensa tu, Paco è l'unico che mi ha detto di sentire la mia mancanza. Con la faccia imbambolata che ha perennemente addosso e, guarda un po', è quello che mi apprezza di più o almeno quello che ha la delicatezza di fingere che sia così...

Che noiosi con questa storia della musica, che ne mettano un'altra! Come se i motivetti natalizi mancassero!

No, non posso farlo, sono una professionista. Per quanto sia incavolata, non posso ostacolare il lavoro dei miei colleghi. La pubblicità è sacra, ci dà da mangiare, non posso giocarci. Magari non avessi tanto senso del dovere, magari mi fosse tutto indifferente perché, se dipendesse da me, il mio capo suonando il putipù e Cris grattando la bottiglia di anice con la forchetta comporrebbero il sottofondo perfetto per quell'annuncio.

Ciao, Paco.

The Flaming Lips,
A change at Christmas.

Se non la trovate, ve
la mando in mp3.

Sto meglio, grazie.

Anche voi mi mancate.

Un bacione.

Grazie, bella.

Ciao, Cris. Ho già
detto tutto a Paco, xxx

Grazie, bellerrima!

Bellerrima. Non mi piace questa parola. È diventata di moda e a me suona male. Adesso è venuta a tutti la mania di usarla; a tutti tranne che a me. Tra l'altro "bellerrima" non è nel vocabolario, l'ho cercata e non c'è. E non mi piace, punto e basta. Non mi piace neppure Cris, non mi fido. Non perché dice "bellerrima", ma perché fa sempre cose che non mi convincono, non ti prende mai di petto, non mi fido della gente così, preferisco un bel litigio in faccia agli strateghi sibillini, quelli non li sopporto...

Dover dare la mia canzone a Cris perché registri lei gli annunci è come una pugnalata. La musica è così importante nella mia vita e nella radio... "La radio è musica e voce," diceva il mio maestro, e aveva proprio ragione.

Ho sempre curato amorevolmente le musiche che scelgo per i programmi in cui lavoro e anche se per le pubblicità questo compito non spetta a me, non posso evitare di proporre quelle che mi sembrano adeguate a qualcosa in particolare e, naturalmente, quelle che si addicono di più alla mia voce. Questo è molto importante: ci sono musiche che non si addicono a certe voci, è come in cucina, abbinare bene gli ingredienti ne modifica il sapore.

La musica rafforza il messaggio e potenzia le emozioni. Per chi ascolta, un contenuto ben vestito musicalmente è un piacere, e anche per chi ci mette la voce. Nella pubblicità, la maggior parte delle volte registriamo la voce da sola e poi i tecnici ci montano la melodia corrispondente. Io, però, se posso, chiedo loro di registrare con il sottofondo musicale, o almeno che mi permettano di ascoltarlo con gli auricolari mentre parlo, anche se non viene realmente registrato. La musica ti guida, ti fa adattare il tono alla melodia, la cadenza al ritmo. È come se ballassi con la voce, una sensazione molto gratificante e difficile da spiegare.

Sono già quasi le undici. Arrivo a casa in tempo per preparare il pranzo che dovrà sorprendere David l'isotonico. È un raffinato, gli piacciono le cose buone, ben fatte, e tra l'altro non si fa problemi a criticarti se un piatto non è stato all'altezza.

Come primo farò una crema di zucca, pera, yogurt e pinoli che ho copiato da un blog di cucina. L'ho preparata per una cena ed è stata un successone. Come secondo ho scelto di andare sul sicuro: il filetto di maiale al sale mi viene sempre squisito, accompagnato da riso con uva passa e pinoli. E corro un rischio con il dolce: una mousse ai tre cioccolati con gelatina che ho visto su un giornale e che proverò per la prima volta con David, il gourmand più esigente del reame.

Ho una bottiglia di Numantia e andrò a comprare pane di noci e con semi di papavero. Il mio spiegamento di forze è stato imponente, perciò può esserne soddisfatto e, se non gli piace, può andare al Burger King e ordinarsi un Whopper.

Ehi, bella, mi tieni sulle spine.
Sei viva?

Sì, Marián, scusa.
Ho avuto un po' da fare.

Con Indiana!?

No, Indiana è stato nominato.
Deve uscire dalla casa.

Stai scherzando?

No, poi ti racconto.

Un tipaccio?

No, molto carino, ma per un'altra,
non per me.

Pranziamo insieme e mi racconti?

Non posso, viene David a pranzo da me.
Ci sentiamo oggi pomeriggio.

Ok. Stai bene?

Sì sì, tranquilla.

Ti lascio, sono in panetteria.

Un bacio.

Bacio.

Cucinare per qualcuno mi piace moltissimo. Se sono sola, sono capace di sopravvivere con una scatoletta di tonno e mezzo pomodoro per non complicarmi la vita, ma quando ho ospiti, la cosa cambia, mi godo i preparativi come se fossero il preludio a un grande avvenimento.

A casa, con i postumi della sbronza annullati da uno Spidifen e dal caffellatte malmostoso di Juan, posso permettermi il lusso di fare quello che mi piace di più: bicchierino di vino e olive, musica e via a cucinare.

È un lusso potermi dedicare a tutto questo in un giorno feriale, normalmente cucino a tutta birra durante il weekend, con la pentola a pressione, per avere la settimana coperta. E mangio al lavoro, alla mia scrivania, davanti al computer. Lì tiro fuori il tupperware e ne approfitto per leggere le notizie, collegarmi a Twitter e rispondere alle mail in sospeso. In quei momenti mi sento come Jack Lemmon ne *L'appartamento*, mi sembra di vivere al lavoro. Sono tra i peggiori della giornata.

Quando ho conosciuto Roberto, la percezione di quel momento quotidiano è cambiata radicalmente. Ci scambiavamo le prime mail e riceverle era la cosa migliore della giornata. Durante la mattinata avevo a stento il tempo di leggere la posta e attendevo con trepidazione che arrivasse la pausa pranzo. Mentre spiluccavo un po' di insalata, con gli auricolari nelle orecchie, isolata dal mondo, aprivo la cartella della "Posta in arrivo" e tremavo tutta.

Devo riconoscere che le sue mail erano quasi sempre deludenti. Al contrario di me, Roberto è parco nelle parole come nei sentimenti, era molto più grande l'emozione di vedere il mittente della mail di quella che mi provocava il contenuto. Ma non era importante, Roberto mi scriveva e questo mi bastava; con un paio di frasi riusciva a distogliermi dalla routine, a infondermi allegria e a darmi una scusa per costruire intorno alle sue poche parole una grande storia d'amore. Che stupida sono stata.

Dopo la nostra separazione, il momento del pranzo è tornato a essere il buco nero della giornata. Ricordo come aggiornavo in continuazione la pagina, sperando che nella cartella della posta in arrivo comparisse un motivo per essere di nuovo felice. Ma no, lì non vedevo altro che messaggi di LinkedIn: "Pepito Sánchez vorrebbe collegarsi su LinkedIn. Desideri accettare l'invito?". Io vorrei invitarlo ad andare a quel paese per avermi illuso con la sua mail. Pepito, accidenti a te.

A volte la frustrazione arrivava sotto forma di messaggio di Groupon, uno di quei siti di offerte che ti danno un termine limitato per accedere a ogni genere di prodotti e servizi con sconti incredibili. Tra parentesi, è curioso il criterio con cui ti tentano da queste pagine: nella stessa mail ti offrono un trattamento di criolipolisi per eliminare la cellulite e hamburger di manzo al prezzo di due fette di mortadella. Com'è la storia? Prima ti strafoghi con l'hamburger e poi te lo congelano perché non si trasformi in ciccia?

Tutto mi riporta a Roberto, anche se non voglio. È insopportabile cercare di dimenticare qualcuno, non solo per quello che significa la sua assenza, ma anche per la miriade di abitudini quotidiane che sono associate alla sua presenza. È come smettere di fumare, non è solo il bisogno di nicotina, è la nostalgia di tutti i momenti che non concepisci senza una sigaretta in mano.

Con la testa rivolta a Roberto, ho preparato un pranzo da gara; la mia cucina ha un profumo così buono che verrebbe voglia di farsi una scopata sul ripiano. Non posso farci niente, nella mia testa il sesso e il piacere di mangiare si intrecciano con una facilità incredibile. È raro che faccia caso a un uomo che non ami il buon cibo come... come lui. No, Roberto non era una buona forchetta, considerava il cibo una pratica necessaria per sopravvivere, punto e basta. Lui non traeva piacere dal cibo, si alimentava. Ma cosa ci ho visto io in quell'uomo se è tutto il contrario di me e di quello che mi ha sempre attratto negli altri?

Bussano alla porta. Questo è David. Pranzo pronto, tavola imbandita, vediamo se il mio giudice di *MasterChef* mi promuove.

David ha chiacchierato molto durante il pranzo. Un sollievo, perché conciliare i compiti di mangiare e scrivere sulla lavagna non è una buona idea. Non ha fatto neanche il minimo commento a proposito del mio sfoggio di arte culinaria, cosa strana per lui, e io non gli ho fatto domande al riguardo, non ho abbastanza autostima per sopportare le critiche.

Servo il tè, un delizioso Orange Pekoe, sul tavolino basso del salotto e metto in fresco la crema di liquore di bacche che mi ha portato Juan dall'Estremadura.

Ho acceso una candela alla cannella e buccia di limone e, per accompagnare le nostre chiacchiere del dopopranzo, ho scelto *Half the perfect world* di Madeleine Peyroux. David va pazzo per questo disco.

Con lui curo ogni dettaglio con un'attenzione che non mi appartiene. Confesso che mi genera un certo stress dover essere sempre all'altezza di una persona così perfetta. Mi mettono soggezione il suo gusto squisito, il suo equilibrio e la sua enorme intelligenza emotiva; accanto a lui mi sento sempre rozza, stordita e con i riflessi lenti. Lui non aspira a questo, lo so bene, ma io non posso evitarlo, per me è un idolo, un modello, magari riuscissi ad avere tutto chiaro la metà di lui.

"Carla, devo dirti una cosa."

Faccio un'espressione che vuol dire: "Ti ascolto", mentre

verso il tè nelle tazze di porcellana olandese che mi ha regalato Marián dopo il suo primo viaggio con "l'uomo in condivisione".

"È... Carla, è una notizia bomba."

Che gioia, ho bisogno proprio di questo, che mi sorprendano, che mi tirino fuori dal fango in cui sono immersa ultimamente e in cui galleggiano soltanto, come ninfee, i miei cattivi pensieri.

"Carla, sono gay."

Scoppio a ridere e mi strozzo con il tè. Inizio a tossire.

"Ehi... non mi far spaventare! Non tossire, che ti hanno appena operato."

Faccio una faccia come per dire: "Non fa niente, posso tossire, non espellerò le corde vocali dalla bocca, tranquillo".

David si alza dalla poltrona e si siede accanto a me sul divano.

"Sono serissimo. Sono omosessuale."

La sua espressione non lascia spazio a dubbi: David non sta scherzando. Un calore strano mi sale dalla punta delle dita dei piedi fino allo stomaco e resta lì, come un Alien rovente.

Mi alzo e vado di corsa a prendere la mia lavagna. Dove l'ho lasciata, maledizione? Alla fine, sotto alcune lettere della banca, compare la suddetta. Torno al divano dove mi aspetta David con un'espressione tra il pensieroso e lo spaventato, come un bambino che ha paura di una strigliata.

ALLORA, DAVID, CHE STAI DICENDO?

"Che mi sono innamorato e che lui è un uomo."

E QUINDI, DAVID, MI VUOI FAR CREDERE CHE TU HAI SCOPERTO COSÌ, ALL'IMPROVVISO, DI ESSERE GAY.

David annuisce con un mezzo sorriso, credo un po' divertito nel vedermi così disorientata.

E TE NE SEI ACCORTO ADESSO, A QUARANTADUE ANNI? NON DIRE CAZZATE!

La mia parolaccia su una lavagna in maiuscolo deve sembrargli il gergo di un ultrà, considerato quanto è educato lui... Cancello e scrivo di nuovo.

E ALICIA?

"Divorzieremo," mi dice, questa volta senza sorridere, un velo di tristezza ha mutato la sua espressione in modo radicale. "È ovvio."

NON PUÒ ESSERE.

Lo scrivo e resto con lo sguardo fisso nel vuoto. La gente dovrebbe avere pietà di me, non è facile reagire con una lavagna. Al diavolo, come gli viene di raccontarmi una cosa del genere quando non posso parlare!

"Senti, Carla," David continua il suo racconto con serenità, cercando di farsi capire, "il mio comportamento non è mai stato molto normale. Ho iniziato a uscire con le ragazze molto tardi e poi, quando ci provavo, le mie storie non duravano più di un mese. Gli amici della mia comitiva lo attribuivano al fatto che fossi uno sciupafemmine...

"Io ridevo dei loro commenti ammirati e trovavo scuse dicendo che non avevo tempo per le fidanzate, che gli studi mi assorbivano completamente... E, in parte, era vero, mi sono rifugiato nello studio e non mi sono concesso neanche un minuto per analizzare quello che provavo.

"La mia famiglia è molto conservatrice, tu li conosci, l'omosessualità non è mai rientrata nei loro piani e, ovviamente, neanche nei miei. Mi immaginavo il mio futuro in una casa grande, con moglie, figli e cane, uguale a quella della mia infanzia.

"Quando ho conosciuto Alicia durante l'Mba all'Università di Chicago, tra di noi si è creato un legame speciale, come tra te e Juan...

"Immagino di aver confuso l'amicizia con l'amore o forse è stata soltanto una decisione facile e vigliacca. Il rapporto con Alicia mi garantiva una vita tranquilla, in armonia con la mia famiglia e, contemporaneamente, l'appoggio per tutto quello che avessi deciso di fare. Ho pensato che questo bastasse.

"Alicia aveva tutto quello che io ammiravo in una donna, era una copia esatta del modello affascinante che era stata mia madre per me."

MA ALLORA, DAVID, COME ACCIDENTI HAI FATTO A SCOPRIRLO?

Che ridicola sono, le frasi che scrivo sulla lavagna sembrano prese direttamente da una squallida telenovela. Al diavolo, quanto mi riesce difficile esprimere il mio stupore per iscritto senza risultare eccessiva.

SENTI, NON CI CREDO CHE NON LO SAPESSI.
DIMMI PIUTTOSTO CHE TI SEI VOLUTO PRENDERE IN GIRO DA SOLO.
SCUSAMI, DAVID, MA NON MI ENTRA PROPRIO IN TESTA.

"Be', a volte ho provato cose 'strane' per alcuni uomini: ammirazione smisurata, affetto esagerato e sì, una certa attrazione fisica. Ma non volevo ammetterlo e non permettevo a me stesso neppure di prendere in considerazione la possibilità. Fino a quando non è arrivato Andrés, sei mesi fa."

E?

"E a quel punto non ho avuto dubbi. Non avevo mai provato niente di simile, era irresistibile, era amore, Carla, sai di cosa parlo?"

Gli occhi di David si riempiono di lacrime, ma non sembrano lacrime di tristezza, quanto piuttosto di pienezza, ciò che gli brilla nello sguardo è un "finalmente" e la sua emozione è contagiosa, il cuore mi batte a tutta velocità.

"La prima volta che Andrés mi ha baciato ho capito che la vita che mi ero costruito non era più possibile. In quel momento ho pensato che non mi sarebbe importato se uscendo mi avesse investito una macchina, ormai potevo morire tranquillo, avevo provato il massimo. E... non c'è molto altro da dire, Carla."

Sono invidiosa, sì, molto invidiosa. Darei qualunque cosa per essere nei panni di David in questo momento, anche se so che lo aspettano momenti difficili. Ma vorrei essere lui in questo periodo schifoso della mia vita.

È strano, un giorno mi disse che era infantile la mia teoria secondo cui quando ami e ti amano da morire non conta nient'altro, che se in quel momento il mondo cadesse a pezzi non te ne importerebbe niente. Ricordo che mi prese in giro e che mi definì "una drogata d'amore". E guardalo adesso, completamente dipendente, in pieno trip, che sperimenta sensazioni che non aveva mai conosciuto. Benvenuto nel vero amore, sarà una figata, amico mio.

DAVID, AUGURI.
TI INVIDIO.

David mi sorride e mi abbraccia. Quando si stacca da me, riempio la lavagna di frasi di incoraggiamento che non sono altro che luoghi comuni, come quando parlavo. Ho bisogno di riempire di parole questo vuoto imbarazzante.

CONTA SU DI ME.
NON PREOCCUPARTI DI NIENTE.
SONO QUI, LO SAI.
ANDRÀ TUTTO BENE.

Quanto poco brillante sono in un momento del genere, che patetica, dio santo... Mi piacerebbe avere parole piene, profonde, consolanti, come quelle che mi dona lui quando gli chiedo aiuto. Ma non mi vengono, niente può superare il suo: "Ho provato il massimo. Ormai posso morire tranquillo".

Dallo stereo Peyroux canta per noi *Don't wait too long* e capisco che, in questo momento, tutto il resto non conta. Lascio la lavagna sul tavolo e mi sdraio sul divano, accanto a David. Per la prima volta nella mia vita credo di stare apprezzando la forza del silenzio.

QUARTA SETTIMANA

Memories always start 'round midnight
Haven't got the heart to stand those memories
When my heart is still with you
And old midnight knows it too.

(I ricordi arrivano sempre intorno a mezzanotte / Non ho il coraggio di sopportare quei ricordi / Quando il mio cuore è ancora con te / E anche la mezzanotte lo sa.)

Round midnight, Thelonious Monk, Miles Davis *et al.*

Voglio scopare con te.

Credo che tu mi abbia mandato un messaggio che non era per me.

Be', io credo di no.

Sono Roberto.

E io Carla e voglio scopare con te.

E questo che significa?

Non è abbastanza chiaro che abbiamo rotto?

Chiarissimo.

Non ho nessun dubbio.

Ma voglio congedarmi per bene.

Nell'unico posto in cui ci capivamo.

È una trappola?

Dai, mi conosci benissimo.

Io non tendo trappole.

Magari ne fossi capace.

Non ti capisco, Carla.

Be', è molto semplice.

Voglio un'ultima notte. Solo questo.

Credo di essermela meritata.

Dai, Roberto.

Vuoi farti pregare per venire a letto con me?

Sono le nove del mattino. Ho inviato il primo messaggio a Roberto a mezzanotte, quando David è andato via, e ancora non mi ha risposto all'ultimo: "Vuoi farti pregare...?". Se non risponde, se non mi risponde mai più, mi sarò procurata l'umiliazione più memorabile della mia storia.

Sarà capace di rifiutarsi di concedermi questo addio?

Sì. Roberto è capace di questo e molto altro. In realtà non posso biasimarlo, è un suo diritto, io potrei dire di no e tutti lo capirebbero... Adesso, se non vuole, lo odierò per il resto dei miei giorni, anche questo è chiarissimo.

Inizio a pentirmi del mio slancio, probabilmente mi sono

fatta trascinare dalla passione che trasmetteva David nella sua confessione. È da sette mesi che sono morta, voglio tornare a provare "il massimo", come lo ha definito lui. Ho bisogno di riavere con me Roberto, sentirlo di nuovo mio, sentirmi sua, sentirmi viva. Ma lui non vuole darmi questa soddisfazione.

Ho passato la notte guardando il telefono in continuazione, aspettando un "sì" o un "ne ho bisogno anch'io". Ma no. Non è arrivato niente. Il mondo dormiva e io stavo con gli occhi aperti, anche se, paradossalmente, ero incapace di vedere la realtà, come al solito. Roberto non mi risponderà.

Per riempire quel tempo eterno di insonnia e attesa, ho cercato tra le sue mail, le ho conservate tutte, fin dall'inizio. Le ho rilette in ordine, cercando di recuperare le sensazioni che mi provocavano le sue parole. E ho cercato in quella sequenza di dialogo elettronico il momento in cui ho sbagliato. Devo sapere quando ho iniziato a perderlo e perché, cosa ho fatto di male.

"Buongiorno, amore mio! È arrivato il *churrero*!"

Marián è entrata con le sue chiavi. Che ci fa qui così presto? Non so perché, ma non mi fa particolarmente piacere vederla in questo momento.

"Dov'è la mia piccola muta? Ti ho portato i *churros*! *Churros* e *porras*! È un secolo che non mangio queste bombe di grassi. Oggi io e te ci rotoliamo nel fango."

Grida dalla cucina e io mi alzo con apatia, come un bradipo; non ho voglia di niente, oggi sarebbe una buona giornata per stare da sola, ma no, non mi lasciano in pace.

"Sai che mi ha detto l'insegnante di Mario? Che Mario è molto intelligente ma non si applica, che si distrae spesso in classe e che io e suo padre dovremmo parlare con lui. Ma certo, io e suo padre. Sì, suo padre, quel signore che non si fa mai vivo per risolvere i problemi, ma solo per crearli."

Marián non la smette di parlare e io non ho voglia di ascoltare. Roberto non mi ha risposto. È una situazione frustrante e umiliante e in più è colpa mia. Sono una stupida.

C'è odore di caffè appena fatto. Mi lavo la faccia e mi raccolgo i capelli, ho delle occhiaie che fanno paura. A una certa età, la mancanza di sonno è devastante, sicura garanzia di bruttezza. Ricordo che, quando avevo vent'anni, fare le ore piccole mi giovava, la mia teoria era che se dormivi poco non avevi il tempo di gonfiarti. Il passare degli anni me l'ha demolita.

Marián va avanti con il suo discorso in cucina, facendo la pelle a Luca. Un trillo di whatsapp suona in lontananza, in camera mia. Visto l'orario si tratta sicuramente di qualche grana lavorativa. Non ho intenzione di aprirlo, che vadano al diavolo, se hanno un'emergenza chiamino il 113.

"Vieni, tesoro? Il caffè è pronto," mi incalza Marián dalla cucina.

E invece, come al solito, mi vince il senso di responsabilità. Se si potesse operare, me lo farei asportare subito: "Senta, mi faccia un bell'innesto di menefreghismo". Non ci riesco. Prima di andare in cucina passo in camera da letto e prendo il cellulare per vedere il messaggio del cavolo di quei rompiscatole.

Ok. Quando?

È Roberto. È Roberto. È Roberto! "Ok. Quando?" Lo vuole, lo vuole, vuole vedermi. Roberto non scrive mai di prima mattina, mai, oggi non ha potuto aspettare, questo significa che anche lui mi desidera, che gli manco. Andrò a letto con lui. Sì, sì, sì. Dio esiste.

Non ci credo, dopo sette mesi lo avrò di nuovo tra le lenzuola e lo amerò così bene che vorrà tornare con me. A quel punto gli dirò di no, per farlo soffrire, perché per una volta sia lui a essere snobbato, rifiutato, a essere il perdente. Gli tenderò una trappola, sì, gli ho mentito, sarò cattiva, per la prima volta in vita mia: fredda, calcolatrice, sibillina, la più stronza delle stronze.

Muoio dalla voglia di rispondergli, ma mi freno un attimo prima di mandare il messaggio. Non c'è fretta, io ho aspettato una notte intera per avere una risposta. C'è tempo e ci sono i *churros*, prima vado a fare colazione e poi vedremo.

Non so come sia successo, non so che piega abbia preso la nostra conversazione per finire così. Io e Marián di solito non litighiamo ma, quando lo facciamo, apriti cielo, come direbbe mia nonna.

Forse non avrei dovuto raccontarle dei miei progetti con Roberto; parlo troppo, questo è il mio grande difetto, dico tutto e apro la porta permettendo a chiunque di entrare nella mia vita e sparare giudizi senza farsi problemi.

Maledetto il momento in cui ho deciso di usare la lavagna in un giorno perfetto per il silenzio:

VEDRÒ ROBERTO.

"Ah, sì? E come mai? Ti ha chiamato?" ha detto Marián mentre versava il caffè, con poco interesse.

CI SIAMO MANDATI DEI MESSAGGI.

"Ah. E ti va di vederlo? Latte freddo?"

TIEPIDO.
SÌ, MI VA.

“Be’, non lo so, come ti pare. E per quale motivo vi vedrete esattamente? Pensavo che non volessi saperne più niente di lui dopo quei messaggi così sgradevoli che ti ha mandato,” ha aggiunto chiudendo lo sportello del microonde.

È NECESSARIO.
BISOGNA FINIRE QUESTA STORIA PER BENE.

“Scusami, magari ti sembrerà una cavolata, ma se dovete parlare di cose importanti, non sarebbe meglio aspettare che tu abbia la voce?”

NON PARLEREMO.

“Non capisco.”

ANDREMO A LETTO INSIEME.

“Cosa, cosa? Spiegami.”

Marián ha lasciato la caraffa del latte sul ripiano, adesso sì che ero riuscita a catturare la sua attenzione.

QUANDO ABBIAMO ROTTO ERAVAMO A LETTO.
LA NOSTRA LITE HA IMPEDITO CHE LA COSA CONTINUASSE.
ABBIAMO UN CONTO IN SOSPESO.

“Una scopata in sospeso? Davvero te la sei bevuta? Carla, quello vuole solo usarti. Vuoi permetterglielo? Vuoi consentirgli di riaverti nel suo letto con uno schiocco di dita? Questa è una cosa diversa e si ottiene pagando.”

NON ESAGERARE, MARIÁN.

“Te lo dico con questa crudezza perché ti voglio bene, non fare l’offesa con me, sai che in questa guerra io sono dalla tua parte. Il signorino stravagante ha voglia di sesso e viene da te. Ti sembra normale?!”

SONO STATA IO.

“Che vuol dire che sei stata tu?”

GLIEL’HO CHIESTO IO.

“Aspetta, aspetta, che mi siedo. Mi stai dicendo che hai chiesto a Roberto di venire a letto con te? Mi stai dicendo questo?!”

SÌ.

“Perché non mi hai chiamato prima di mandare quel messaggio? Io non ti avrei permesso di commettere una stupidaggine del genere!”

SENTI, MARIÁN, NON SONO TUO FIGLIO.
IO NON DEVO INTERPELLARTI TUTTE LE VOLTE.

“Carla, per favore... Sei impazzita?”

NO. NON SONO MAI STATA TANTO SICURA DI QUELLO CHE VOGLIO.

“Dico davvero, che ti sta succedendo?”

NIENTE. PER LA PRIMA VOLTA SONO IO QUELLA CHE TIENE LE REDINI.

“Ah sì? Chiedere di venire a letto con te a un tizio che non ti ama, che non ti rispetta affatto, è tenere le redini? Che teoria interessante.”

E TU COME SAI CHE NON MI AMA?

“Carla, tesoro...”

LE COSE NON SONO O BIANCHE O NERE, CI SONO ANCHE LE SFUMATURE.

“Sì, ci sono i grigi, bla, bla, bla... Senti, le cose stanno come stanno, che ti piaccia o no. Se ti amasse, non ti avrebbe lasciato andare e, soprattutto, non ti avrebbe trattato come ha fatto per tutto il tempo in cui siete stati insieme.”

ANCH’IO HO COMMESSO I MIEI ERRORI.

“Ah, per favore. Adesso ti metti anche a giustificarlo. L’anestesia ti ha provocato danni irreversibili!”

ADESSO FINISCILA.

“Senti, Carla, dovresti riflettere.”

E TU DOVRESTI STARE ZITTA.

“Ehi, vuoi sfogare la tua frustrazione con me? Questa sì che è bella.”

STAI ESAGERANDO, MARIÁN, DICO SUL SERIO.

“No, sono proprio senza parole. Senti, tesoro, apri gli occhi una volta per tutte, accidenti. Chi ama veramente mette da parte tutto, iniziando dal suo orgoglio. Roberto non ha mosso un dito per riconquistarti. Si è messo in contatto con te solo per chiederti quel cavolo di computer. Ma, secondo te, ti ama. Certo, per questo ha giocato con i tuoi sentimenti per tre anni.

"Vuoi che ti dica una cosa? Il giorno che è passato a prendere il suo maledetto portatile sono venuta presto da te, te lo ricordi? C'era tua madre, dovevate andare dal medico. Bene, non ti ho detto niente per non farti incavolare ancora di più, ma sono arrivata davanti al tuo portone proprio quando lui stava andando via, ho visto la sua macchina e non era da solo. Lo sai? Sul sedile davanti, accanto a lui, c'era una persona che conosci bene."

CHI?

Marián ha fatto una pausa, come per pensare se sganciare o meno la bomba. Alla fine si è decisa.

"Yolanda."

Pugno nello stomaco. Yolanda. Uno degli incubi durante la mia storia con Roberto. Yolanda. Yolanda, la sua ex, l'unica donna che avesse amato prima di conoscermi. L'unica per cui mi ha confessato di aver pianto.

Sono stati insieme per otto anni. Yolanda rimase incinta di un suo collega e lo abbandonò. Roberto non riuscì ad accettare la perdita né la crudeltà del modo in cui si consumò la rottura.

Cercò di odiarla, ma non ci riuscì; si propose di dimenticarla, ma non ce la fece: Yolanda era sempre presente, mi paragonava sempre a lei, tornava sempre ai ricordi della loro vita insieme con qualunque scusa. Io, come una stupida, optai per il buonismo:

"Dai, Roberto, cerca di perdonarla, non vale la pena portare rancore, dico davvero".

Insistetti che la cosa migliore che potesse fare era tenersi i bei ricordi e andare avanti con la sua vita, senza ombre, in pace e... con me. Ci mancava soltanto che mi mettessi a levitare in odore di santità.

Qualche mese dopo questa conversazione, il destino infame volle che si rincontrassero in un ristorante. Roberto non me lo raccontò, fu un amico comune che se lo lasciò scappare involontariamente e tra di noi scoppiò un casino.

Io ero così crucciata che feci una scenata di gelosia di quelle che, vedendole dall'esterno, ti farebbero vergognare. Roberto fu implacabile e schietto, come sempre; mi accusò di farmi film in testa, mi disse che ero un'insicura patologica e che se volevo lasciarlo era un problema mio...

Come in tante altre occasioni, mi vidi costretta a cedere per non perderlo, gli chiesi perdono e gli garantii che non avrei mai più dimostrato di non avere fiducia in lui, che Yolanda non era un problema per me, che era stato uno scatto d'ira infantile. In realtà, però, il mio istinto mi diceva un'altra cosa ed ebbi sempre la sensazione che si fossero rivisti dopo quell'incontro fortuito. Non smisi mai di temerla.

Che Yolanda fosse nella sua macchina, in quel momento della nostra vita e davanti al mio portone, era un duro colpo e Marián lo sapeva. Ho cercato di uscirne a testa alta, fingendo che la sua rivelazione non mi colpisse neanche un po'.

SARANNO AMICI...

"Sì, amici per la pelle, come me e te. Carla, non fare l'ingenua. Roberto non ha aspettato un secondo per riprendersi Yolanda, o magari lei c'è sempre stata... Davvero te la vuoi bere?"

E ME LO CHIEDI TU?
LA MODERNA CHE CONDIVIDE IL SUO UOMO CON UN'ESTRANEA SI SCANDALIZZA?
QUESTA SÌ CHE È BELLA.

"Senti, Carla, tutto questo veleno che stai tirando fuori con me faresti meglio a usarlo con Roberto, per proteggerti. Ti distruggerà anche stavolta."

NO, SARÀ IL CONTRARIO.
LO USERÒ.

"Che vuoi fare?"

LO FARÒ TORNARE CON ME E POI LO LASCERÒ.

"Ah ah, quante telenovele di quart'ordine hai visto? Sappiamo entrambe che ti farai coinvolgere un'altra volta, che tornerai indietro rispetto a tutti i passi in avanti che hai fatto finora con tanto sforzo, che perderai la prospettiva che avevi conquistato in tutto questo tempo di lontananza e che dovrai ricominciare da zero. Carla, per l'amor del cielo, Roberto ti lascerà ancora una volta a pezzi. E tu pensi che riuscirai a riconquistarlo in una notte di passione? Ma chi credi di essere, il candirù? Quel pesciolino del Rio delle Amazzoni che si infila nel pene e uccide il malcapitato? Non farmi ridere..."

QUELLO CHE DICI NON È PER NIENTE DIVERTENTE.

"Lo sai? Ti stai suicidando. Se è quello che vuoi, accomodati."

ESATTO. SO QUELLO CHE VOGLIO.
NON HO BISOGNO CHE MI TELECOMANDI TU.

"Perfetto, allora questa conversazione è finita."

CERTO.

"Me ne vado, Carla... Ci sentiamo."

Sono andata alla porta seguendo Marián. Sì, avrei potuto approfittarne per dirle che forse eravamo entrambe troppo arroccate sulle nostre posizioni, che magari avremmo dovuto parlare con più calma in un altro momento, ma non l'ho fatto, mi sono lasciata trasportare dall'ira e ho scritto un messaggio letale:

SOLO UNA COSA, MARIÁN.
BUSSA ALLA PORTA PRIMA DI ENTRARE.
NON SONO MALATA, POSSO APRIRE.

"Certo, hai ragione."

Marián ha lasciato le chiavi sul mobile dell'ingresso ed è uscita da casa mia con le lacrime agli occhi.

Sono passati tre giorni e non abbiamo parlato da allora. Sì, forse sono stata troppo dura con lei, ma sono stufa di sentire che gli altri muovono i fili della mia vita. Fin da quando ero piccola non ho fatto altro che cercare di realizzare quello che gli altri si aspettavano da me. Adesso basta. Sono padrona delle mie decisioni, anche quando sono sbagliate. E se c'è qualcuno a cui non sta bene, peggio per lui.

Mi metto la calzamaglia, la maglietta, le scarpe da ginnastica e la giacca a vento. È ora di uscire a correre. In questi giorni ne ho più che mai bisogno.

Chi l'avrebbe detto che mi avrebbe preso così tanto? Io avevo sempre odiato correre. Da piccola consideravo una punizione qualunque gioco che mettesse alla prova la mia capacità di dare velocità alle gambe. Mi angosciava tanto che, a volte, mi arrendevo e mi lasciavo acchiappare, così mi ritrovavo seduta su un cordolo a guardare gli altri che sputavano i polmoni e si divertivano. Quest'ultima cosa mi provocava una grande invidia.

Più avanti, in quella tappa letale dell'adolescenza in cui inizi ad analizzarti il corpo al microscopio, cercando senza sosta di trovarti dei difetti, mi proposi varie volte di andare a correre con una compagna di scuola. Ricordo levatacce infernali, molto freddo e due o tre tentativi; al quarto, smettemmo di andarci e nessuna delle due chiese all'altra perché avevamo detto basta; appendemmo entrambe le scarpe da corsa al chiodo e, in maniera naturale, dimenticammo quell'appuntamento mattutino come se non fosse mai esistito.

Con gli anni arrivai alla conclusione che finalmente sapevo cosa non volevo: io non volevo correre, punto e basta. Nessun articolo della Costituzione diceva niente a proposito del fatto che come cittadina fossi obbligata a fare una cosa che non mi piaceva proprio. A me piaceva nuotare, andare in bici e ballare nel salotto di casa mia quando ero da sola – questo continuo a farlo, a volte, in mutande, che è ancora più bello –, mi dissi la verità e iniziai a essere più felice.

Finalmente mi era chiaro: con l'eccezione delle minicorse per prendere l'autobus o per arrivare alla porta dell'imbarco in aeroporto – perché mi ero intrattenuta a provare tutti i profumi del Duty Free per finire col comprare un pacchetto di gomme –, chiamavo Dio a testimone del fatto che non avrei corso mai più, perciò che scendessero sulla Terra gli alieni e venissero a cercarmi.

Ma, guarda un po', molti anni più tardi, quando l'idea di correre era da tempo morta e sepolta, mi venne una pazza voglia di riprovarci. Sì, lo so che non sono l'unica, è successo qualcosa nel mondo, un effetto contagio, un fenomeno tipo *Walking Dead*. Evidentemente qualcuno che correva ha morso un tizio seduto, questo qui un altro e così via... fino a che il fenomeno running, prima conosciuto come footing o jogging, si è esteso più dell'uso di whatsapp e arriverà un momento in cui ci sarà così tanta gente che corre contemporaneamente che dovranno ampliare i marciapiedi perché noi cittadini non ci ammazziamo tra di noi a gomitate.

Decisa a sfidare la sorte, riunii vari programmi per novizi della corsa – inizia a camminare e poi combina minuti di marcia con altrettanti di corsa –, mi comprai delle scarpe adeguate (gli esperti dicono che sono imprescindibili per non lesionarti al minimo intoppo) e preparai anche una playlist speciale, tra il caciarone e il tamarro, per correre con lo spirito giusto.

Un giorno presi coraggio e partii. E verificai che la convinzione che io non potessi correre era una barriera che avevo alzato io stessa per evitare di misurarmi con i più veloci e risultare perdente nel confronto – ho molto amor proprio, dice mia madre.

E mi accorsi di essere diventata grande, perché non mi interessava più competere con gli altri corridori, ma con me stessa, la mia peggior nemica. Capii anche che avevo raggiunto un certo grado di sicurezza: non mi ossessionava più il posto che avrei occupato una volta raggiunto il traguardo, l'unico obiettivo era godersi quel momento di libertà e, soprattutto, non morire mentre ci provavo.

È stasera. Ho appuntamento con Roberto in un albergo, una vera novità: per tutto il tempo in cui siamo stati insieme, siamo sempre andati a letto a casa sua o a casa mia, gli alberghi non sono stati altro che un luogo di pernottamento durante qualcuno dei nostri viaggi. No, noi non abbiamo mai avuto uno di quegli incontri nelle stanze impersonali che la gente pianifica per scopare, punto e basta.

Questa volta sì, gliel'ho proposto io. Visto che non c'è più un rapporto tra di noi, le nostre case non mi sembrano il posto migliore per rincontrarci, sono entrambe piene di ricordi che mi fanno male. E non voglio che vi si aggiunga quello che verrà fuori da questo appuntamento, non voglio vedere Roberto nel mio letto, nella mia cucina, nella mia doccia. No, queste immagini si trasformerebbero in nuovi fantasmi e sono fermamente decisa a ucciderli tutti. Neanche in casa sua, non voglio svestirmi di fronte allo stesso specchio davanti al quale, presumibilmente, lo fa Yolanda.

Un albergo, come nei film. Una stanza che ho riservato io stessa. E lo aspetterò lì, pronta a sconfiggerlo nell'ultima battaglia. Con tutte le armi femminili che io riuscirò a mettere insieme. Inaugurerò un completo di biancheria intima da battaglia di Agent Provocateur che mi ha regalato lui, di sicuro non ricorda neppure di averlo fatto. Non sono mai riuscita a indossarlo perché lo tenevo da parte per un'occasione speciale, per quando Roberto mi avrebbe proposto di andare a vivere insieme. Ma questo non è mai successo. Bene, oggi ho un alibi perfetto per inaugurarlo e, se me lo strappa a morsi, sono fatti suoi. In fin dei conti, lo ha pagato con i suoi soldi.

Distesa sul lettino, aspetto Débora. Mi ha promesso un miracolo di bellezza, quello che definisce un trattamento completo. "Sarai incredibile, principessa," mi ha detto quando le ho chiesto aiuto nel mio messaggio.

"Accidenti, che bello vederti, tesoro!"

Entra come un ciclone, con il suo caschetto rosso mogano, il suo trucco esagerato e una scollatura esuberante che ti distrae dai suoi occhi verdi e sorridenti.

Le sorrido e ci diamo i due baci di rigore.

"Ah, che strano non sentirti, Carla... considerando quanto sparliamo noi due di solito, tesoro. Bene, tu mettiti rilassata e tranquilla, che questa è la cosa più importante per essere bella. Ti esfolierò tutta, poi starà al tuo principe finire di scotennarti ben bene. Come la vedi?"

Rido per la battutaccia di Débora, sempre fedele al suo stile, e mi stendo a pancia in giù per lasciarmi fare tutto mentre lei parla a più non posso, come al solito.

"Sei dimagrita, brutta stronza, chissà se mi fanno il tuo stesso intervento, così mi libero di questi rotoli sui fianchi e, nel frattempo, se mi danno anche un punticino sulla bocca, che parlo più di un pappagallo. Sai che Mari Carmen ha divorziato? Niente da fare, mia cara, in questo centro siamo sfortunate con gli uomini. Quando entri qui, di' addio al tuo compagno. Ah ah, non ci vuole neppure il diavolo, e dire che non siamo niente male, porca miseria."

Di questa faccenda abbiamo parlato in altre occasioni. Sì, è curioso, per questo centro estetico sono passate molte ragazze e nessuna di loro è stata fortunata in amore. E, da quel che vedo, noi clienti non siamo immuni dalla maledizione: anch'io sono sola, anche se stasera vedrò Roberto. Mi sento bruciare al solo pensiero.

"E allora ti aspetta una notte di sesso selvaggio? Che invidia, tesoro, sono due mesi che non lo faccio e mi sono spuntate due rughe nuove. Scopare è un antiossidante, altro che il tè bianco o il resveratrolo, non ci sono santi, ogni scopata ti toglie un giorno di dosso e se ti masturbi, a mano o a macchina, ti togli un quarto d'ora, ah ah.

"Ma io sono così stanca che non ho neppure voglia di prendere in mano il vibratore. Se ne sta lì, solo soletto, sul comodino. Le palline cinesi sì, quelle ogni tanto me le metto, perché ti irrobustiscono la muscolatura lì sotto. Si nota sai, io me le metto per andare al supermercato e faccio la spesa felice come una pasqua."

Débora è sempre così, diretta, incontenibile, una vitalista accanita.

La tragedia l'ha colpita quando era giovanissima, a diciassette anni ha perso i suoi genitori in un incidente d'auto e tre anni dopo suo fratello è morto di overdose da eroina. Non ha familiari, solo suo figlio Alfonso, un adolescente di quelli che vengono definiti "coatti", che la riempie di problemi e di motivi per andare avanti. Il suo ex marito l'ha lasciata quando il bambino aveva due anni e non si è più fatto vivo.

Débora ha anche un lavoro duro che la appassiona e mille avventure amorose che non arrivano mai da nessuna parte; ma sì, ha anche molti amici.

Un'altra, al posto suo, avrebbe preso una boccetta di pasticche in un momento di disperazione, ma lei no: lei lotta per vivere, per ridere a crepapelle, per portare avanti la sua attività, suo figlio e la sua vita e succhia come un vampiro ogni momento buono. Non so perché legga tanti libri di autoaiuto: Débora è l'autoaiuto fatto persona e le resta comunque l'energia per ricaricare le pile a chiunque incroci la sua strada.

Sono stata esfoliata e massaggiata ben bene. Mi hanno fatto una pulizia della pelle, mi hanno sottoposto a una sessione di radiofrequenza facciale, mi hanno sistemato le sopracciglia e mi hanno tinto le ciglia e, per dare il tocco finale, manicure e pedicure con lo smalto rosso ciliegia che non ho potuto provare l'ultima volta che sono stata qui. Se resto ancora un po', Débora mi rifà il seno e anche una liposuzione espresso.

"Carla, tesoro, con i peli sei a postissimo, non ne hai neanche uno. Ovvio, ti abbiamo fatto un ritocco con il laser pochissimo tempo fa, ma... perché non ti fai una cosetta decorativa sulla passerina con la ceretta?"

Non ho il tempo di scrivere sulla lavagna un "Cosa?!" all'altezza della sua proposta. Credo che la mia faccia dica tutto, perché Débora scoppia a ridere.

"Figlia mia, che faccia, neanche avessi visto un funzionario dell'Agenzia delle Entrate. Dammi retta, la decorazione laggiù si porta molto e gli uomini ne vanno pazzi. Vedrai, vedrai, ascolta me. Vane! Scendi in cabina due!" Lo dice con la voce un po' impostata da amplificatore da stazione, attaccando la bocca all'interfono che comunica con il salone di parrucchiere del piano di sopra. "Vedrai, vedrai che figata, nel vero senso della parola."

Ho paura. Débora è più pericolosa di una cassa di bombe a mano, chissà cos'ha in mente, temo il peggio.

"Vane, fai vedere a Carla cosa ti ho fatto."

Con mia grande meraviglia Vanessa, una delle parrucchiere, si sbottona i pantaloni e si abbassa gli slip per mostrarmi il pube depilato a forma di cuore. La mia faccia deve essere uno spettacolo. Débora si entusiasma.

"Guarda che bell'effetto! È incredibile. Vedi? È un cuore. Posso anche farti un diamante. Posso disegnarti sulla patatina i quattro semi del poker. O un fiore, anche se il fiore non l'ho ancora perfezionato e non si capisce se è un bocciolo di rosa o un carciofo. Allora, sei pronta? Ti faccio un quadrifoglio? Di sicuro ti porta fortuna!"

Le dico di no con un'espressione inequivocabile. Al solo pensiero di ciò che potrebbe pensare Roberto se mi presentassi con un'emoticon pubica mi vengono i sudori freddi. Al conciliabolo si aggiunge Silvia, esperta in trattamenti dimagranti, una ragazza minuta, bella, timida e discreta come poche.

"Ciao, Carla, come va? Che piacere vederti da queste parti."

"Ecco la nostra principessa muta," dice Débora, "che non ha il coraggio di farsi decorare la passerina. Che cosa le starebbe bene?"

"Be', questo lo deve decidere lei, è una cosa molto personale," dice Silvia con la sua solita prudenza.

"Silvia ha una farfalla, adesso te la fa vedere."

Faccio un'espressione come per dire "non è necessario" e credo che Silvia me ne sia grata, non sembra molto incline a una simile esibizione delle proprie parti intime a ora di pranzo.

"Ah, Silvia, bella, raccontale la storia dell'ananas. Il fatto che mangi l'ananas per farti mangiare... la fragolina!"

"Ah ah, Débora, come sei greve," dice Silvia arrossendo un po'.

Faccio una faccia interessata e lei me lo spiega con una certa timidezza.

"Niente, il fatto è che l'ananas, oltre a essere diuretico... cambia il sapore..."

"Della figa," interrompe Débora, perentoria. "Hai capito, Carla, la piccolina, che sembra tanto timidina, dice che se ti imbottisci di ananas quando ti praticano il sesso orale, hai un sapore da sballo. Pensa un po'. Questo sì che è un colpaccio. In questi giorni mi sto ammazzando di ananas, lo compro al supermercato, in barattolo, è al naturale ed è già sbucciato. Adesso devo soltanto trovare un assaggiatore... Ah ah."

Ridiamo tutte per le volgarità di Débora. Non so se seguirò il consiglio gastronomico-sessuale dell'ananas, non sono molto convinta. Per il momento, salgo al salone di parrucchiere con Vane: i capelli sono un altro dei punti forti del mio restauro generale.

"E se oggi li facessimo lisci, Carla?"

"Ah, a me tu piaci con i tuoi ricci ribelli," dice Débora, che ci ha accompagnato per supervisionare la mia messa a punto. "Sembri una leonessa e questo è molto sexy."

A Roberto piace che io mi lisci i capelli, quando lo facevo diventava particolarmente affettuoso. Diceva che sembravo un'altra. Marián si infastidì quando glielo raccontai.

"Quindi gli piaci di più con i capelli lisci, quando non sembri tu, in definitiva. Questo ha una lettura un po' pericolosa."

Sul momento non diedi importanza alla faccenda, ma poi ci pensai su un bel po'. E se Marián aveva ragione? Forse io non avevo mai pienamente convinto Roberto e voleva trasformarmi in un'altra persona, modellarmi a suo piacimento, come faceva John Derek con le sue donne, tutte ritagliate dallo stesso cartamodello. Sì, Yolanda ha i capelli lisci come spaghetti. Quella stronza. Adesso però non voglio pensare a lei.

Forse è una buona idea, lisciarmeli e fare contento Roberto. Di questo si tratta, no? Di renderlo felice, di dargli molto piacere, di riconquistarlo grazie al sesso e attrarlo sul mio terreno. Seguendo la strada delle emozioni sono riuscita soltanto ad allontanarlo da me, forse ho sbagliato, avrei dovuto soggiogarlo con il sesso, come fanno molte donne, renderlo dipendente da me come da una droga. Forse, se usassi di più le tette e meno il cuore, non soffrirei tanto e otterrei risultati migliori.

"Come vuoi tu, Carla," insiste Vane e io le dico che non lo so, perché senza frangetta non mi piace molto come mi stanno i capelli lisci, ma, se me li taglio, quando me li laverò e mi torneranno ricci, sembrerò un broccolo.

“Ma Carla,” interrompe di nuovo Débora, “mettiti una frangia posticcia.”

Assumo di nuovo l’espressione da extraterrestre e Débora mi fa una nuova rivelazione.

“Ho delle frange bellissime, tesoro. Le compro su Internet, sono di capelli veri, capelli di indiana, credo. Si agganciano con delle clip come le extension e danno un risultato incredibile. Portami un topo, Vane.”

Vanessa si dirige verso un cassetto e tira fuori quelli che sembrano, effettivamente, i resti mortali di un roditore. Zazzere di vari colori che, mi garantisce Débora, si trasformano nelle frangette piene di glamour che portano le *celebrities* di Hollywood.

“Questa Vane te la tinge, te la taglia e te la agganciamo qui. Te la pettiniamo come vuoi tu, dritta come quella di Demi Moore, sfilata, di lato che ti copre un occhio... come ti piace di più. È una meraviglia, l’unica cosa stai attenta quando scopi, vedi di non fartela agganciare dal tuo ragazzo con l’orologio, se no te la strappa.”

Scoppiamo a ridere di nuovo tutte a crepapelle. Débora ha la capacità di descrivere le cose in un modo così vivido che persino la persona con meno immaginazione al mondo riesce a visualizzarle. Al solo pensiero di Roberto attaccato alla mia frangetta, nel bel mezzo delle manovre, muoio di vergogna. Débora deve leggere il panico sul mio viso e si affretta a tranquillizzarmi.

“Sto scherzando, tesoro, non ti cadrà. Senti, la tingiamo del tuo colore e Vane te la taglia in un batter d’occhio, lei è bravissima in queste cose. Poi tu te la provi e, se non ti piace, niente, non te la faccio pagare.”

Due ore più tardi esco dall’istituto di bellezza con dei capelli lucidi e lisci e una frangetta che neanche Penélope Cruz. Sono restaurata da capo a piedi, ma no, senza decorazione pubica... almeno quella me la sono risparmiata.

Ho un vuoto allo stomaco, dall'ora di colazione ho mangiato solo un sandwich che mi ha portato Débora dal bar. Passo davanti a un locale di succhi naturali e macedonie e lo sguardo mi cade sugli ananas del bancone. Mi precipito dentro, credo che qualcosa di fresco mi farà bene.

Tra cinque ore vedrò Roberto, sette mesi dopo. Mi sembra un sogno. Vado a riprendermelo.

Gli alberghi sono micromondi, posti pieni di storie diverse, abitati da persone che non si conoscono tra di loro e che vivono tra le quattro pareti della loro stanza, indifferenti a quanto succede in quella accanto.

D'estate, quando vado in un albergo al mare e intorno alle otto di sera sento i phon dal corridoio che risuonano all'unisono, formando quella melodia che si potrebbe definire "sinfonia per agghindarsi e uscire a cena", mi diverte pensare che appena cinque minuti prima tutti gli abitanti di quel vespaio erano sotto la doccia a liberarsi dalla sabbia e dalla vampa del sole e che se i tramezzi dell'albergo cadessero all'improvviso, assisteremmo a una magnifica mostra monografica di sederi bianchi. Darei qualunque cosa per godermi uno spettacolo del genere.

Mi piace molto immaginare quelle stanze, mi chiedo in quante di esse starà avendo luogo una storia d'amore, di disamore, di infedeltà o... un crimine. Indugio nella fantasia che le pareti siano trasparenti e che io possa vedere quello che sta succedendo all'interno.

Oggi faccio parte di questo racconto: sono una delle protagoniste di una storia da albergo. Aspetto Roberto in una stanza confortevole con un bellissimo balcone che dà su Plaza de Las Cortes.

Sono venuta in anticipo per essere più tranquilla. Ho già fatto un giro in bagno per ficcare il naso tra i prodotti monodose del cestino. Negli hotel di lusso il bagnoschiuma, lo shampoo, la crema per il corpo e il resto della "roba da fighetti", come la chiama Marián, sono meravigliosi. Marián, chissà cosa starà facendo, una settimana senza parlare con lei è troppo. E va bene, prima o poi le passerà, deve capirmi, non è così difficile.

Mi sono provata l'accappatoio sopra i vestiti. Grande, come sempre, e anche le pantofole. Chi è il modello di riferimento per le taglie della biancheria degli alberghi? LeBron James?

In ogni caso, non credo che useremo niente di tutto ciò. Oggi mi sono proposta di riuscire ad arrivare al letto senza togliermi le scarpe. A Roberto piace moltissimo vedermi nuda con i tacchi e voglio dargli questo piacere... Oggi si ritroverà davanti una nuova Carla, non la donna dolce e manipolabile, non quella che si scioglieva d'amore tra le sue braccia, no. Oggi è venuta la Carla sofisticata e fredda, quella che non avrebbe mai tollerato i suoi sgarbi, quella che non avrebbe mai pianto per lui né per nessun altro. Io sono venuta per scopare, che sia chiaro.

Mi sono vestita da top manager. Roberto si eccita moltissimo davanti alle donne che portano questo look, dice che se le immagina sexy e dominanti in un ufficio, che lo obbligano a passare sotto il loro giogo. Cioè una fantasia che consiste nel ribaltare il maschilismo leggendario del capo, che crede che il suo potere sia sufficiente a sedurre ognuna delle sue sottoposte, e finire per essere quello che viene usato.

Sì, Roberto ha questo genere di idee in testa e a me non faceva per niente piacere che me le raccontasse, ma oggi rideremo tutti e due, avrà di fronte a sé una di quelle leonesse su cui tanto fantastica. Gonna a tubino grigio scuro, camicia azzurra e tacchi vertiginosi, niente a che vedere con i miei soliti jeans e le mie solite magliette: sì, oggi tocca travestirsi.

Mi guardo e mi riguardo allo specchio, cercando l'apertura ideale della scollatura, un bottone sopra o sotto cambia tutto. Come nella vita, un particolare apparentemente insignificante può alterare la tua realtà.

Probabilmente se quella sera, durante la cena di inaugurazione dell'appartamento di David, io non avessi buttato a terra tutti i cappotti che erano sul letto per cercare la mia borsa, Roberto non mi avrebbe notato. Tutte le donne che partecipavano a quella festa erano molto più attraenti di me. David e Alicia collezionano amiche di quelle che io chiamo "belle Doc" e che non hanno niente a che vedere con me. Ma, naturalmente, nessuna di loro provocò un disastro con l'abilità con cui lo feci io, che non ho rivali nel far cadere le cose. Mio padre diceva che avevo sbagliato mestiere, che avrei dovuto fare la lanciatrice del giavellotto.

Roberto arrivò proprio un attimo dopo l'incidente e mi diede una mano: c'erano decine di cappotti, borse e foulard sparpagliati sul pavimento della stanza. Io ero così angosciata che dovetti fargli pena e mi aiutò a mettere a posto il caos che avevo provocato.

Maledetto quel giorno. Magari mi avesse lasciato impantanata lì con la mia tragedia, facendo mostra della sua freddezza abituale. Adesso non starei usando tutte le mie forze per dimenticarlo o per cercare di riconquistarlo per lasciarlo e per poi dimenticarlo.

Due giorni dopo il nostro incontro surreale mi mandò un messaggio. Aveva chiesto il mio numero a David:

> Ciao. Chiamami se butti di nuovo tutti i cappotti a terra in un'altra camera... Sei sempre così pericolosa a letto?

Il suo messaggio mi fece ridere. Prendemmo appuntamento per un caffè, il caffè diventò una cena, poi una scopata e poi un “se ti va, lo rifacciamo”, che mi arrivò tre o quattro giorni dopo.

A partire da lì Roberto tessé una tela in cui rimasi intrappolata. Sprofondai in un rapporto che non mi rendeva felice, ma del quale non potevo fare a meno. Ed eccomi qui, in penombra, seduta su una poltrona di spalle a un bel balcone. Ho chiuso le tende per creare l’ambientazione ideale e, al contempo, anche per camuffare qualunque indizio di dolore il mio viso possa lasciarsi sfuggire in un attimo di disattenzione. Si direbbe che sono un’assassina che sta aspettando la sua vittima. Sta per arrivare, mi ha appena mandato un messaggio dalla hall, adesso starà salendo in ascensore. Ho lasciato la porta socchiusa per non dovermi alzare ad aprire. La sequenza è progettata perché Roberto entri e mi trovi qui, come una vampira del cinema in bianco e nero. Sento i suoi passi e una porta che si chiude: si avvicina. Sono nervosa, accidenti, sono molto nervosa.

“Ciao,” dice con quel tono secco che è così suo. E il cuore mi batte tanto forte che ho paura che il bottone della camicia mi salti da un momento all’altro. Cerco di fingermi tranquilla e gli faccio ciao con la mano. Poi gli do un biglietto che ho scritto su uno di quei fogli che recano l’intestazione dell’hotel.

NON POSSO PARLARE. MI HANNO OPERATO ALLE CORDE VOCALI.

Roberto aggrotta la fronte con un’espressione sorpresa e poi sorride un po’ sconcertato. È la prima volta che lo vedo nervoso, suppongo che la situazione gli sembri così strana che non sa come reagire.

Ero sempre io quella che parlava, quella che raccontava le cose, che faceva domande, che gli chiedeva pareri. Oggi no, oggi non ho voce, ma non mi serve. Ho le mani, ho la bocca, ho la lingua e ho voglia. Quello che non ho è la frangia, all'ultimo momento me la sono fatta sotto e me la sono tolta, non posso correre il rischio che all'apice del piacere spunti un criceto tra le lenzuola, no, siamo matti?

Scrivo un secondo appunto e glielo mostro:

SCOPARE POSSO ECCOME, TRANQUILLO.

Lo fisso con un mezzo sorriso e lo osservo mentre lascia il suo iPad sul tavolo e appende, con cura squisita, la sua giacca alla spalliera di una sedia.

In questo momento mi getterei al collo di Roberto e lo bacerei senza freno, piangerei e gli direi, tenendolo stretto, "come mi sei mancato", ma no, non lo farò, per quanto debba piantarmi le unghie nella carne per trattenermi.

Mi alzo e cammino piano, mi fermo davanti a lui, gli metto un dito sulla fronte e scendo lungo il naso fino alle labbra, mi avvicino alla bocca, faccio come per baciarlo e mi tiro indietro senza arrivare a sfiorarlo.

Inizio a sbottonarmi, uno a uno, i bottoni della camicia fino a rimanere soltanto con il reggiseno che mi ha regalato. Gli prendo le mani e gliele porto alla cerniera della mia gonna, accompagnandole nella discesa. Mentre la gonna cade a terra, avvicino le labbra alle sue, gli mordo la bocca e noto la sua erezione.

Tutta la freddezza che alberga dentro Roberto scompare quando gli sto vicino nuda. È una specie di sentimento animale, qualcosa che non si traduce mai in amore, neppure in affetto.

Gli mordo il collo, gli lecco l'orecchio, torno alla bocca e a questo punto è lui che mi morde. Sta bruciando, cerca di strapparmi il reggiseno, lo aiuto sbottonandomelo da sola e così avvicina la bocca al mio seno, mi lecca, mi succhia, mi tocca ormai senza controllo dappertutto, si struscia contro di me e mi appoggia al muro in un tentativo di penetrarmi, ma io mi sottraggo e lo trascino per mano fino al bagno. Lo invito a sollevarmi su un ripiano alto abbastanza perché io mi ci sieda e lui mi faccia volare con la lingua. Nessuno sa farlo come lui.

Roberto mi mangia con voracità, gli tiro i capelli e mi perdo nel piacere che mi provoca. Mi prende in braccio e mi porta fino al letto dove si spoglia rapidamente con il mio aiuto e continua quello che ha cominciato in bagno, esortandomi a portarlo anch'io all'estasi con la bocca. Accoppiati in un ballo perfetto, ci mangiamo a vicenda come se fosse la prima volta.

Riprendo conoscenza, mi stacco, lo spingo con una certa violenza per farlo distendere e salgo su di lui, a cavalcioni; con la mano faccio in modo che mi penetri e comincio a muovermi senza guardarlo, accarezzandomi, e questo lo fa impazzire.

Scopiamo come non avevamo mai fatto prima, con frenesia, con passione, ma con un certo odio. Non lo so, è difficile da spiegare, è una specie di battaglia che stiamo ingaggiando nel letto, come se ci stessimo punendo a vicenda, non c'è complicità, questa è un'altra cosa.

Quando cambiamo posizione e, supina, sento il suo peso su di me, mi accorgo che il suo sguardo incrocia per la prima volta il mio e, all'improvviso, mi si produce un clic nel cervello. Non so cosa è successo, so soltanto che mi disconnetto, mi raffreddo del tutto, mentalmente me ne vado, cerco di concentrarmi di nuovo ma è inutile, l'unico desiderio che ho nella testa è che tutto questo finisca al più presto. Fingo, fingo per la prima volta con Roberto. Simulo un finale grandioso e lui viene in un abbandono totale.

"Accidenti, Carla, accidenti... sublime."

Per la prima volta sento che non poter parlare è un sollievo. Non ho niente da dire. Roberto si addormenta e io... m'infilo sotto la doccia.

QUINTA SETTIMANA

I know everything changes
It's strange how time marches on
Maybe there'll be some time in the future
Oh, tell me I'm not wrong
Oh, if I could stop time.

(So che tutto cambia / È strano come il tempo passa / Forse ci sarà un'altra occasione in futuro / Oh, dimmi che non mi sbaglio / Oh, se solo potessi fermare il tempo.)

A change at Christmas, Michael Ivins,
Wayne Coyne, Steven Drozd

Tirare in dentro l'ombelico, rilassare il collo, respirare riempiendo d'aria la cassa toracica, sono tornata a pilates. È la prima volta dopo l'operazione. Quest'ora di esercizio mi riempie di energia, mi cambia l'umore per il resto della giornata.

A volte mi costa alzarmi dal letto per venire, perché ho dormito poco, perché fa freddo e ho il raffreddore, o perché sono triste, come quando morì mio fratello; di quei giorni ricordo che facevo un esercizio nel *reformer* sforzandomi di trattenere le lacrime.

Eppure, dopo, quando esco, sono un'altra. César, il mio istruttore, mi risistema, e non solo le ossa o i muscoli, ma anche la testa. Lui non ha neanche idea di quanto rifletto dopo le sue lezioni. Un giorno mi ha detto che i miei problemi nella postura delle spalle si spiegano con il fatto che sono anni che tengo una posizione scorretta e che i miei muscoli si sono rafforzati in modo sbagliato. Ovvero, devo disimparare ciò che ho imparato. Questo lo posso applicare a tanti altri aspetti della mia vita...

Oggi mi sento bene, con qualche indolenzimento provocato dalla *performance* alberghiera di ieri con Roberto, ma di umore sto benissimo. Chi l'avrebbe detto. Paventavo il giorno dopo, temevo che sarei stata depressa e malinconica dopo averlo visto e forse frustrata per non essere riuscita ad attirarlo a me.

Ma no, ho passato un'oretta stirando gli psoas, rafforzando i tricipiti, allargando le spalle e adesso sono più fresca di un'indivia riccia.

Torno a casa camminando al ritmo della musica che ho nell'iPhone. Era molto tempo che non ascoltavo le canzoni "buonumore" della mia playlist di Spotify. Adesso è il momento di *You go to my head* di Rufus Wainwright. Insomma, mi sento bene.

È strano, durante la lezione mi è venuto da pensare a Juan e alla nostra magnifica nottata. Che differenza con quello che ho provato ieri con Roberto, o meglio, con quello che non ho provato. Con Juan c'è stata tanta complicità, è stato così magico, così facile ed eccitante allo stesso tempo. Riconosco che ripensando alle immagini di quella notte ho sentito un brivido.

Sono giorni che non ci vediamo, da quando ho dormito da lui dopo il mio appuntamento fallito con Ramón. Mi pare che avesse in programma dei viaggi di lavoro, suppongo che sia per questo che non mi ha chiamato. Ho molta voglia di vederlo. Gli manderò un messaggio:

Mi manchi.

Faccio appena in tempo a lasciare il telefono sul ripiano della cucina che sento il trillo di whatsapp. Questa sì che è rapidità, ora riconosco il mio Juan.

Ieri è stato bello.

Roberto? No, per favore, non ho voglia di parlare con lui.

Non ci viene affatto male scopare così.

Come estranei
e basta.

Potremmo farlo ogni tanto...

Questo qui si droga. Sono in dubbio se rispondergli qualcosa del tipo "vai a quel paese" o risparmiarmi le parole e cancellare il suo numero dall'agenda – non l'ho mai imparato, almeno qualcosa di buono in questo rapporto l'ho fatto. Alla fine rispondo, non c'è niente di più freddo che la cordialità indifferente.

Potremmo. Ci sentiamo.

Roberto sarà stupefatto, di sicuro si aspettava un rimprovero pietoso, qualcosa come: "Vuoi che siamo soltanto questo? Amanti occasionali? Con tutto il bene che ti ho voluto?". Be', non sarà così. La stupidella si è svegliata. Niente più lacrime, "meglio sola che mal innamorata", ho letto una volta su Twitter da @guonderwuman. Quanto ha ragione.

Non sono passati neanche trenta secondi e si sente di nuovo il trillo del messaggio. Si vede che la freddezza è la cosa che funziona meglio con Robertito, com'era facile, no? Peccato che abbia imparato tardi, adesso che tutto inizia a essermi indifferente.

Ma dai...
Che piacere leggere queste cose di prima mattina...

Juan! Che bello!

Sei ancora arrabbiato con me?

Molto.

E non ti vergogni a essere così duro con una donna convalescente?

Che faccia tosta che hai, principessa.

È sempre aperto l'indonesiano del tuo quartiere?

Certo.

M'inviti?

Non so se te lo meriti...

Be', possiamo andarci e non parlare. In effetti io non parlo... ;-)

Sono a Barcellona, torno domani. Ti va bene?

Sìììììì.

Se non c'è nessun imprevisto, vengo a prenderti alle nove.

I love U.

Smack.

Mi va molto di fare questa cena, è un modo per festeggiare il Natale quando piace a me: prima che arrivi ufficialmente. Sì, ogni anno mi faccio prendere dallo spirito natalizio ai primi di dicembre. Coincide con l'accensione delle luminarie, ma è una mera casualità. Il mio spirito prenatalizio è più legato alla mia passione per i preliminari, in generale, che alla luce artificiale programmata dal Comune.

È sempre stato così, da quando ero piccola. L'emozione

che mi provocava l'odore di *tortilla* e di cotoletta che inondava la cucina il giorno prima dell'escursione, quella di preparare la valigia per un viaggio o il rituale di sistemare il vestito e le calze sul letto ore prima del veglione di fine anno, superava, quasi sempre, quella che potevo provare il giorno in cui, finalmente, l'evento aveva luogo.

Juan dice che questo è uno dei miei difetti: mi aspetto tanto da quello che sta per succedere che ciò che si verifica poi di solito non è mai all'altezza delle mie aspettative. È un modo elegante per darmi dell'insoddisfatta cronica.

Che non si sparga il panico: lo spirito natalizio precoce mi passa già il 22. A partire da quel momento inizio a imprecare, come tanti altri, e a invocare i Re Magi perché si spiccino a mettere fine quanto prima all'orgia di cibo, spese e impegni che ci appesantiscono dopo il primo boccone. Ma il fatto è che è stancante anche lamentarsi del Natale. A furia di ripeterlo e di fare gli alternativi, lo abbiamo trasformato in una tradizione. Se non dici che odi il Natale, sei un conformista.

Quest'anno mi fa più paura del solito. È troppo tempo che ho il cuore rattrappito per lasciare che la nostalgia renda ancora più grosso quel nodo che mi permette appena di inghiottire.

Certo, quest'anno è tutto diverso, e non solo per me, l'atmosfera generale non aiuta. Ultimamente siamo tutti immersi in un Natale perenne: freddo, angosciante, che ci prende a schiaffi, come nelle migliori famiglie. E il problema è che ci hanno persino staccato la stella cometa perché non ci sono soldi per pagarla e il grano che è arrivato da Bruxelles se lo è fatto fuori Erode.

Insomma, come dice mia madre: bisogna approfittare dei piccoli momenti di felicità e per me sta per arrivarne uno, magari mi compro addirittura un vestito nuovo. Che diavolo si mangerà al ristorante indonesiano?

Ed eccoci qui, io e Juan, in un bellissimo ristorante decorato con mobili di tek, porte intagliate a mano in legno di Bali, piccole fontane di pietra e statue di Buddha negli angoli. Lui si è occupato di ordinare, non solo perché io non posso parlare – sarebbe brutto dare la lavagna al cameriere e fargli capire che deve sbrigarsela da solo –, ma anche perché non ho proprio idea di cosa bisogna prendere; e poi lui lo fa così bene che vale la pena rilassarsi e lasciare nelle sue mani tutta la responsabilità.

"Hai rivisto quel furbacchione che suona ai citofoni? Il mio amico, quello che ti chiama María. Quella storia me la dovresti proprio spiegare."

Mi agito, devo affrontare il momento spaventoso di dire a Juan che quella sera si trattava di un appuntamento virtuale, è l'unico modo per fargli capire tutto. Di sicuro le sue risate si sentiranno fino a Giacarta.

Scrivo sulla lavagna la frase letale:

ERA UNO CONOSCIUTO SU INTERNET.

Juan mi guarda come se stesse vedendo un volto di Bélmez, la sua espressione è indecifrabile.

"Non ti credo, Carla. Mi stai prendendo in giro."

Faccio un'espressione che significa: "Ma sì, accidenti, è vero, sono uscita con un tizio che avevo conosciuto su Internet".

"Va bene, va bene. L'intervento era alle corde vocali, la testa non l'hanno toccata, vero?"

Be', sapevo che avrebbe riso di me, ma questo non m'impedisce di arrossire, mi sento proprio ridicola. Certo, sarebbe molto peggio se sapesse che sono andata a letto con Roberto: in quel caso non riderebbe, mi sgriderebbe sul serio.

Non sono mai andati d'accordo, che io soffrissi tanto per quella storia era un chiaro impedimento a che Juan entrasse in sintonia con Roberto, e Roberto non ha mai creduto che io e Juan fossimo solo amici. Non si mostrava geloso – la sua superbia non glielo consentiva –, ma non gli piaceva che parlassi di lui e trovava sempre una scusa per non uscire tutti e tre insieme.

Per complicare il tutto ancora di più, per una di quelle coincidenze diaboliche della vita, a volte dovevano incontrarsi in riunioni di lavoro, visto che l'agenzia di Juan si occupava della contabilità dell'azienda di Roberto.

Quando succedeva, facevano appello alla diplomazia per dissimulare la loro reciproca antipatia – *business is business* –, ma dopo si accanivano nel criticarsi reciprocamente davanti a me e io, la fetta di tacchino in quel sandwich – insomma, la tacchina –, facevo i salti mortali cercando di difendere ciascuno di loro di fronte all'altro, con scarsi risultati.

"Carla, non smetti mai di sorprendermi. Da quanti anni ci conosciamo?" mi chiede Juan.

Gli faccio il segno di "venti" con le mani.

"Sì, dall'università. Ti ho visto alle prese con ogni genere di rapporto, sei stata con ragazzi molto diversi, compreso quel fighetto del tuo fidanzato ufficiale, Miguel. Credo che nella tua lista manchino solo un domatore di elefanti e un surfista dell'Opus Dei, ma ti giuro che non avrei mai potuto immaginare che ti trovassi un fidanzato virtuale. Mi lasci di stucco."

NON È IL MIO FIDANZATO, NON DIRE SCEMENZE, mi affretto a scrivere.

NON MI È PIACIUTO,
È STATA UN'IDEA DI MARIÁN.

"Senti, Carla, so che non puoi toglierti Roberto dalla testa, che ti ha completamente soggiogato."

Juan riprende il suo discorso abituale, diceva sempre che Roberto non mi aveva rubato il cuore, ma il cervello.

"Ma non perdere la bussola, dico davvero. Sei una donna solida e meravigliosa, non certo una facile preda per nerd. Molti uomini darebbero qualunque cosa per stare con una come te."

"Solida e meravigliosa" suona molto bene. Credo che Juan non mi avesse mai detto una cosa del genere.

"E credimi... io di donne ne so qualcosa." Sorride furbetto con uno sguardo irresistibile, di sicuro seduce così il suo harem abituale. "E tu sei la numero uno, principessa."

NON MI PRENDERE IN GIRO.

"Sono serissimo. Sei femminile, simpatica, intelligente. E non sei la donna più bella del mondo ma, quando parli, diventi Miss Universo."

Scoppio a ridere a crepapelle – come al solito, con il silenziatore inserito. Probabilmente l'unica cosa che ho in comune con una miss è che, se mi chiedessero della Russia, non avrei molto da dire e che piango quando perdo, ma anche quando vinco.

Juan prosegue inarrestabile nel suo proposito di rialzare la mia autostima.

"Non ci sono molte donne come te, Carla, te lo dice un esperto."

Mi si è avvicinato così tanto per dirmi quest'ultima frase che sembrava fosse sul punto di baciarmi. Ho sentito un formicolio che riconosco molto bene. No, non è possibile, non posso provare una cosa del genere, è stato un cortocircuito mentale. Carla, torna in te.

Usciamo dal ristorante ed entriamo in un bar irlandese in cui offrono buona birra, pessimi cocktail e musica magnifica. È il nostro locale preferito. Cammino sottobraccio a Juan, come sempre quando passeggiamo, ma oggi è diverso, io non posso parlare e neanche Juan apre bocca; avanziamo in silenzio e io... io provo una voglia matta di abbracciarlo.

Quando arriviamo all'irlandese Juan cambia passo, parla e parla a più non posso... e ogni volta che mi si avvicina devo trattenermi per non baciarlo sulla bocca. So che è una pazzia, ma stasera ripeterei quello che è successo quella volta, mi piacerebbe moltissimo provare di nuovo ciò che ho provato allora e riempire il vuoto del finale deludente con Roberto.

Balliamo facendo gli stupidi, come sempre, ci prendiamo per mano e ci stacchiamo varie volte. Un pachistano che vende diademi luminosi interrompe la nostra patetica *performance*, ci guardiamo con un'espressione che dice: "Diadema...?". Alla fine, però, giustamente, Juan risponde: "No, grazie", e io lo appoggio scuotendo la testa.

Un'ora dopo Juan mi porta a casa. Scendiamo dalla macchina e davanti al portone lui si accende una sigaretta, come fa sempre quando mi accompagna. Mi racconta cose del suo lavoro, ma io presto appena attenzione a quello che dice, sono ipnotizzata dal movimento della sua bocca e dai suoi denti perfetti mentre parla.

Devo trattenermi per non invitarlo a salire a bere un bicchiere di quel gin che non eravamo riusciti ad assaggiare perché si era annacquato mentre noi morivamo di piacere nel mio letto.

All'improvviso si mette a fissarmi, con quello sguardo malizioso che lo rende così attraente, e sento un formicolio nello stomaco che non avevo mai provato prima.

"Carla, devo dirti una cosa."

Lo ascolto con tutta l'attenzione di cui sono capace e mi innervosisco, il cuore mi batte a mille all'ora. Dimmi che vuoi salire...

"Ho conosciuto una persona che mi piace molto. Devi darmi il tuo verdetto."

Se in questo istante mi attraversassero la milza da parte a parte con uno spiedino, non lo sentirei. Credo di essere arrossita di pura vergogna. Atterraggio di fortuna con botta compresa.

Cerco di tornare alla realtà: dai, Carla, Juan è il tuo amico, quello di sempre. E tu la sua amica, l'amica di una vita, quella che valuta le ragazze con cui si mette. È il brutto della notte e dei cocktail, che ti confondono. Questo e il fatto che sei sola come un cane, abituatici una volta per tutte.

Scrivo sul cellulare un appunto per Juan e glielo mostro:

CERTO, AVRAI IL MIO VERDETTO!
MA DI SICURO È FANTASTICA.

"Tu sì che sei fantastica. Non dimenticarlo mai."

E mi dà uno dei suoi abbracci e io non voglio che finisca mai, ma finisce, come ogni cosa. Io e Juan ci separiamo, apro il portone ed entro, lo saluto con la mano dall'altro lato del vetro prima di chiamare l'ascensore. Diamo per conclusa la notte delle stupide fantasie. Forza, Carla, a casuccia, stasera il solo a ricevere le tue carezze sarà Viggo quando si addormenterà ai piedi del tuo letto.

Questa è l'ultima notte dell'anno. Dell'anno di merda che ho passato. Che voglia di salutarlo per sempre, che se ne vada una volta per tutte, meglio un male sconosciuto.

C'è chi sostiene che tutti nasciamo con una dose limitata di fortuna e che non conviene sprecarla in sciocchezze perché, in un altro momento della vita, può servirti per qualcosa di più importante. Se questa teoria fosse vera – e dovrebbe valere anche per la sfortuna –, negli ultimi anni io dovrei aver esaurito la mia quota di scalogna. Con la sfilza di sfighe che ho sopportato sono a posto per i prossimi cinque anni, non mi servono altri drammi, grazie.

Questa volta inaugurerò il nuovo anno in un modo davvero speciale; non parlo di mutande rosse, né di mettere un oggetto d'oro nella coppa di champagne o di sistemare le valigie fuori dalla porta per propiziarsi i viaggi nel nuovo anno. Il mio rituale è molto più di rottura: accoglierò l'anno da sola, completamente sola.

Mamma è sulla Sierra, con i miei zii; le ho detto che avrei passato la serata con Marián, lei non sa che abbiamo litigato. A Juan ho detto che avrei cenato con la famiglia di mia madre, immagino che lui sarà con la sua nuova conquista – che già mi sta antipatica anche senza conoscerla – in qualche albergo sperduto di montagna e finirà l'anno fedele al suo motto: "Chi scopa a Capodanno, scopa tutto l'anno". Sì, quella tizia non mi piace proprio per niente.

Di Marián non so nulla, non ci siamo neanche fatte gli auguri a Natale, questa lite è più seria di quanto avessi pensato in un primo momento. A volte si fa fatica a valutare quanto si possano complicare le cose per colpa di una sola conversazione.

E di Roberto non ho notizie e non voglio avercele, è piuttosto consolante aver spezzato quel legame infernale; spero che non sia un miraggio passeggero e che la mia indifferenza aumenti con il passare del tempo. All'anno nuovo chiedo buonsenso e freddezza, è tutto ciò di cui ho bisogno per non cadere di nuovo nella sua trappola.

Sono un po' tesa, è vero, ma non mi spaventa vivere questa serata in solitudine, in fondo provo una certa emozione per la novità dell'esperienza e mi rallegra poter contare sulla certezza che, se non è il miglior Capodanno della mia vita, almeno sarà diverso da tutti i precedenti. E poi non c'è niente di più duro che sentire la mancanza di qualcuno quando sei circondata di persone e questo a me non succederà. Essendo sola, potrò sentire la mancanza di tutti, non di uno sì e l'altro no, di tutti in una sola volta. Molto meglio così, non sono mai stata per le mezze misure.

Javi, mio fratello, mi manca tutti i giorni della mia vita, e non c'è ragione per cui oggi debba essere diverso, lo so. Mi succede la stessa cosa con papà, sono passati cinque anni e io... io non mi abituo all'idea che lui non ci sia più.

Papà mi ha insegnato tante cose... A lucidare le scarpe, a fare i cruciverba e a raccogliere le lumache. Le lumache mi facevano pena, io amo gli animali e, anche se mi piaceva mangiarle, soffrivo vedendole imprigionate in quel recipiente di plastica coperto dalla retina. Ma il momento di andare a cercarle era magico, perché bisognava farlo di notte, preferibilmente dopo che aveva piovuto; era allora che uscivano trascinandosi tra l'erba, lasciando una scia argentata che brillava alla luce della luna.

Quella spedizione con le torce, io e lui da soli, sentendo freddo e togliendo ore al sonno, era la cosa più simile a un'avventura intrepida che potessi vivere accanto a un uomo così disciplinato, così abituato a fare quel che si doveva, puntuale fino all'ossessione, ordinato e rigido in tante cose.

Qualche anno dopo, quando qualunque programma era più accattivante che passare il tempo con lui e tutte le emozioni erano lontano dall'autorità, mio padre continuava a vivere in funzione mia. Aiutandomi a riempire quei moduli impossibili dell'iscrizione all'università o insegnandomi a capire i miei primi stipendi – c'era poco da capire e ancor meno da intascare. Poi, anche quando smisi di vivere a casa sua, continuava a ricordarmi, immancabilmente, quando dovevo pagare le tasse sulla casa, le date per la revisione della macchina, i termini per presentare la dichiarazione dei redditi... Lui era il guardiano della mia vita in molti sensi, ma all'epoca non me ne rendevo conto.

Ricordo, durante l'infanzia, notti di febbre e mal di gola in cui il semplice gesto di farmi aprire la bocca per valutare, con l'aiuto della lampada a snodo, l'estensione dell'infezione mi tranquillizzava e sentivo addirittura che mi faceva meno male, e dire che non era neppure un medico. No, non era un medico, né un ingegnere, né un avvocato, era un uomo che aveva lavorato fin da bambino, la cui formazione culturale si limitava alla sua fame insaziabile di libri e di giornali. E i suoi successi erano il risultato di una tenacia inesauribile e della voglia di superarsi a costo di sforzi e levatacce. Era un signore normalissimo, ma a me sembrava un supereroe.

Poi, quando si ammalò, fui io che iniziai a prendermi cura di lui, e gli mettevo la crema sulle mani e gliele accarezzavo; ero io che lo guardavo negli occhi per essere sicura che avesse dormito, che lo ascoltavo, che rispondevo alle sue domande sconnesse e cercavo di calmare le sue paure infondate. E gli raccontavo come mi andava la vita, anche se a volte non era già più in grado di capire ciò che dicevo, ma sapevo sempre per quali cose si sarebbe sentito orgoglioso e per quali avrebbe sofferto mettendosi nei miei panni – queste ultime non gliele raccontavo mai.

Mi ha insegnato anche a difendere quello che credevo fosse giusto, a solidarizzare con gli altri e a non venir meno alla parola data. E che, per quanto a volte sentissi che il mondo gira in un senso contrario all'onore, io dovevo sforzarmi di essere onesta, anche se mi sbagliavo, anche se provandoci fallivo. Papà mi ha lasciato cose di grande valore che solo con il tempo ho saputo capire... Lui era ed è l'uomo della mia vita, l'unico che sapeva sciogliere i miei ricci senza farmi male.

No, non voglio intristirmi, questa è una festa, non piangerò. Ho decorato il tavolino basso che sta davanti al divano con grande cura; è una minitavola di gala coperta da una tovaglia bianca di lino che mi ha regalato mia madre e che ho adornato con fiori veri e candele. Ho messo i piatti bianchi del "servizio delle occasioni speciali" su un sottopiatto di acciaio e verserò il vino in un meraviglioso calice di cristallo che ho comprato in Italia. Aprirò un rosso Aalto che un cliente della pubblicità ha mandato alla radio.

Per la cena ho comprato prosciutto di quello buono – come lo chiama mia madre – e gamberi lessati. Ho aperto un *bloc de foie gras* da servire con marmellata di lamponi e, come dolce, una tavoletta di Godiva 72%.

Questo menu non potrei mai servirlo per una cena in famiglia, mamma direbbe che sono soltanto "antipasti" e magari ha ragione, ma questa è la mia serata e mangerò quello che mi va, senza dover dare spiegazioni a nessuno. È uno dei vantaggi di stare da sola, devo iniziare a guardare il lato positivo della mia nuova vita.

Altro che cenare in pigiama: mi sono messa un vestito rosso di seta che ho comprato a Londra e che non ho mai il coraggio di sfoggiare, è troppo sofisticato per me. Porto anche un paio di scarpe di pelle scamosciata nera e vernice, con un taccone che trapanerà il parquet quando ballerò Raffaella Carrà. Perché sì, oggi ballerò fino a quando non ce la farò più.

In una ciotola di ceramica ho sistemato tredici chicchi d'uva sfidando la sfortuna e ho messo a raffreddare tre bottiglie mignon di Moët & Chandon. Ho due calici di spumante da tenere rispettivamente con la destra e la sinistra per farli tintinnare in un brindisi unipersonale a mezzanotte in punto.

La televisione è accesa senza volume, per evitare di perdermi i rintocchi delle campane, e dallo stereo proviene un live superbo di Petrucciani. Ho tutto quel che serve per dare per concluso quest'anno da dimenticare.

Ogni anno il 31 dicembre, subito dopo l'ultimo rintocco delle campane, mio fratello Javi soleva ripetere un mantra che gridava a pieni polmoni: "Vaffanculo!". Sì, non è un'espressione molto ortodossa, ma racchiude tutta la voglia di liberarsi di quello che ci ha fatto stare male e la speranza che, inaugurando un nuovo anno, qualcosa cambi, in meglio, naturalmente.

Il brutto di quest'anno è che, per com'è il panorama, pensare a quello che verrà genera più ansia che sollievo. Stufi come siamo di sentire che, se quello che abbiamo vissuto ci sembra difficile, quello che sta per arrivare sarà ancora peggio, affrontare ciò che sta per iniziare senza angosce aggiuntive non risulta facile.

Ma è tutto ciò che abbiamo, un anno nuovo che inaugureremo, come sempre, con una lunga lista di propositi. Io, dopo il successo ottenuto nelle precedenti edizioni, ho deciso che non mi riprometterò di fare niente, anzi, ho riempito la lista con quello che cercherò di non continuare a fare:

• Non soffrirò prima che qualcosa succeda, visto che è tipico da me portarmi avanti rispetto a una disgrazia e, se questa succede, la vivo raddoppiata – male. Ma se non arriva mai, soffro inutilmente – peggio.

• Non sarò sempre del tutto sincera, nasconderò scrupolosamente i miei sentimenti e mi proteggerò dai predatori emozionali che si annidano dovunque.

• Non sognerò un futuro professionale utopistico che non potrò mai ottenere. Sarò pratica e pragmatica. Vocazione? Vivere di uno stipendio al giorno d'oggi è già un gran risultato, perciò sarò grata per ogni stipendio. Noi ti lodiamo, ascoltaci.

• Non mi farò condizionare dalle ingiustizie, gli sgambetti, gli ostacoli di cui gli altri vanno disseminando il mio cammino. Io penserò a me stessa e alle mie cose, senza che nessuno mi turbi, come nel kung fu.

• Non sarò così melodrammatica né così passionale, cercherò di relativizzare tutto, il positivo e il negativo. Abbassare di qualche decibel il mio volume emotivo mi farà soffrire di meno e probabilmente chi mi sta accanto ne sarà felice.

E non mi perderò neanche in...

Dio mio! Mi sono completamente distratta con tutti questi propositi e suonano già i quattro quarti, corro in cucina a prendere la ciotola con gli acini: uno, due, tre, quattro... scende la palla dell'orologio di Puerta del Sol e iniziano i rintocchi delle campane. Andiamo! Uno, due, tre, quattro, cinque, sei, sette, otto, nove, dieci, undici e dodici chicchi per i dodici mesi dell'anno. Vaffanculo! Buon anno, Carla! Salute!

La telefonata di mia madre mi sorprende in pieno autobrindisi, siamo rimaste che avremmo fatto così perché lei non riesce ad abituarsi a mandare e a ricevere messaggi sul cellulare:

"Ciao, tesoro mio, sono la mamma. Buon anno. I tuoi zii

e i tuoi cugini ti mandano un abbraccio. Dai un bacio a Marián e al bambino. Divertitevi”. A questo punto mamma fa una pausa sospetta, credo che sia emozionata. A casa nostra è sempre stata tradizione che durante il brindisi piangessimo tutti. “Ti voglio bene,” conclude.

Non posso rispondere, lo sappiamo tutte e due, ma comunque mi dispiace non poterlo fare, adesso le direi tutte quelle cose che non ho mai il coraggio di esternare. Io non faccio altro che parlare, parlare, parlare, eppure non dico tante parole importanti per far capire ad alcune persone che voglio loro bene... La mamma è una di queste.

Sento il segnale che indica che ha riagganciato e mi scendono le lacrime. Non voglio piangere, non voglio. Mi asciugo gli occhi con il mio tovagliolo di lino bianco e cerco di leggere un whatsapp che mi è appena arrivato.

Buon anno, fidanzata. Per sempre.

Miguel non manca mai. I suoi messaggi di solito arrivano per primi.

Anche a te, Miguel.
Baci a tutti. Per sempre.

“Per sempre” è il nostro codice segreto. Significa che anche se le nostre vite vanno avanti separatamente, ci saremo sempre l’uno per l’altra. Se Miguel sapesse che sto trascorrendo il Capodanno da sola, si presenterebbe qui senza pensarci due volte e mi trascinerebbe per i capelli a casa sua. È un protettore nato, una di quelle persone che si sentono obbligate a prendersi cura di tutti quelli che le circondano. Che brutto non averlo conosciuto più avanti, verso i sessanta o giù di lì...

Miguel è l'uomo ideale con cui vivere l'amore rilassato degli ultimi anni della vita.

Un altro messaggio:

Spero che inizi l'anno con il piede giusto.

Conoscerti è stata una delle cose migliori dell'anno scorso...
Indiana Jones ;-)

Povero Ramón, è un tesoro, un altro non mi farebbe gli auguri dopo il modo in cui sono sparita.

Anche per me è stato un piacere.
Buon anno, Ramón.

La vita è un effetto farfalla, certe persone ne amano altre che, a loro volta, ne amano altre che ogni tanto non amano loro. Io faccio lo stronzo con te e tu, invece di farlo con me, lo fai con il prossimo, e così via.

Arriva un altro messaggio.

L'anno nuovo ti porterà il meglio
perché tu sei la migliore. Un bacio.

Sgrano gli occhi. Non riesco a credere che Roberto abbia scritto una cosa del genere. I chicchi d'uva gli hanno fermentato nel cervello o è passato direttamente al peyote? Non ci credo. Sei la migliore?! Adesso capisco il significato di "scopata magica". Quella notte è andata davvero così bene? Cavolo, che effetto l'ananas...!

Bevo in un sorso metà del mio calice di spumante e rileggo varie volte il suo messaggio. No, no, Roberto nel nuovo anno è NO, mi è chiarissimo. Ma se viene fuori che mi ama? E se ciò che prova è amore e non lo ha mai saputo dimostrare? E se adesso lui vuole tornare con me e io no? Non sopporterei di fargli del male, nonostante tutto quello che ha fatto lui a me. Bevo un altro sorso di spumante, il messaggio di Roberto mi ha spiazzato. Questo sì che non rientrava nei miei piani.

Che darei per parlarne con Marián, quanto mi manca. Perché siamo così orgogliose? Lasceremo che questo disaccordo si prolunghi ancora? Inizieremo l'anno senza neppure scambiarci gli auguri? Io no, di sicuro.

Buon anno, Marián.
Non concepisco un nuovo anno senza di te.
Ti voglio bene.

Non ho ancora premuto invio quando mi arriva un suo messaggio.

Qualunque cosa tu faccia
ti vorrò bene anche quest'anno.
Tanti auguri.

Questa sì che è vera e propria telepatia. Ma se non possiamo... Se ci vogliamo bene... Anche se io ho ragione, o no, non lo so, credo di essere un pooochino ubriaca.

Ho voglia di piangere, cerco Viggo con la speranza di stringere un essere vivente, ma mi schiva con un'agilità sorprendente. Io questo lo so, ma ho sempre la speranza che prima o poi cambi e si comporti come un peluche.

Da qualche angolo del divano arriva di nuovo il trillo di whatsapp. Che sia Juan? Cerco il cellulare tra i cuscini con una certa ansia. Fa' che sia Juan, fa' che sia Juan.

Al diavolo, è Cristina, quella della radio.

> L'anno nuovo ti porterà il meglio
> perché tu sei la migliore. Baci, bellerrima.

Come, scusa? Lo stesso messaggio che mi ha mandato Roberto.

Un altro:

> L'anno nuovo ti porterà il meglio
> perché tu sei la migliore. xxx Paco

E anche Paco il tecnico? Ma che diavolo è?

> L'anno nuovo ti porterà il meglio
> perché tu sei la migliore. Kisses, tua cugina Cruz

Ma porca miseria. Roberto mi ha mandato uno di quei messaggi da catena di sant'Antonio! Ma veramente ha fatto una cosa così squallida con me? Non si è preso il disturbo di scrivermi? Ma accidenti a lui, accidenti! E io che credevo che forse volesse dirmi qualcosa. E che mi angosciavo per lui. No, Roberto non sarà mai un peluche, è un gatto selvatico del cavolo e io sono una stupida.

Dopo il mio ennesimo disinganno, mi metto a ballare *Fiesta* della Carrà, con movimento del collo e sferzata del caschetto compresi: "Ecco perché faccio questa festa senza di te...".

Non so perché, immaginandomi il destinatario del mio dispetto sotto forma di ballo, non vedo Roberto, ma Juan. Be', sì, lo so perché. È lui che mi manca, è lui che vorrei avere qui, ad accogliere il nuovo anno con me. Sono la sua amica del cuore, no? E allora, perché diavolo non mi ha ancora fatto gli auguri?

Sa che quest'anno è stato particolarmente difficile per me, che me la sono vista proprio brutta, ma ovviamente lui è preso dalla sua nuova fiamma, come sempre, e non vede più nient'altro. E allora benissimo, Juanito, ottimo, farò la stessa cosa quando sarai tu ad avere bisogno di me: non ci sarò... Mi gira un bel po' la testa. Perché ho mescolato lo spumante con il vino?

Bussano alla porta. La notte di Capodanno? Può essere solo Marián! O... o... Juan?!

Mi affaccio allo spioncino. Non ci credo, né l'una né l'altro.

"Buon anno, signorina Carla! Ho sentito la musica e mi sono detto: 'Vado a farle gli auguri'."

Il portiere con le corna da renna, proprio quello che mi mancava in questa serata patetica, e non ho la lavagna a portata di mano per rispondergli, perciò gli faccio una specie di inchino cinese, non lo so, mi viene fuori una cosa molto strana. Sono sbronza da far paura.

"E allora, sta festeggiando con la sua famiglia?" chiede allungando il collo cercando di scorgere qualcosa, con la discrezione che lo caratterizza. Io scuoto la testa e lui aggiunge con l'espressione soddisfatta: "Ah, allora non la disturbo". E mi strizza l'occhio molto complice.

Immagino che pensi che stanotte qualcuno farà a brandelli il mio bel vestito rosso. Io gli rispondo con un altro occhiolino per non rovinargli la fantasia. Preferisco che circoli la leggenda della vicina mangiauomini che quella della poveretta che ha trascorso il Capodanno sola come un gambo di sedano.

Chiudo la porta e adesso sì che piango di brutto. Probabilmente era molto tempo che ne avevo bisogno, perché dopo lo sfogo sono come nuova.

Mi strucco, mi svesto e mi metto a letto a vedere un film in bianco e nero con il gatto disteso sui miei piedi. Be', a pensarci bene, è un vantaggio che Viggo non sia un peluche: se lo fosse, non darebbe questo bel calduccio.

SESTA SETTIMANA

Ya me quedan
muy pocos caminos,
aunque pueda
parecerte un desatino,
no quisiera yo morirme
sin tener algo contigo.

(Mi restano ancora / ben poche strade, / per quanto possa / sembrarti un'assurdità / non vorrei morire / senza stare una volta con te.)

Algo contigo, Chico Novarro

Oggi inizia la mia ultima settimana di silenzio. Tra poco potrò ricominciare a comunicare attraverso la voce, la mia nuova voce, ancora non so che suono avrà... Anno nuovo, voce nuova.

Ricordo i primi giorni subito dopo l'operazione, l'angoscia terribile che mi provocava essere in congedo per malattia. Pensavo che non sarei stata in grado di vivere senza il mio lavoro quotidiano e invece eccomi qui, che ancora respiro. Si potrebbe dire che sono sopravvissuta a questa convalescenza oziosa.

Adesso, al contrario di allora, mi angoscia tornare in radio. Non mi motiva per niente affrontare di nuovo la routine, la battaglia quotidiana, il terribile ambiente viziato da tutti, me compresa. E non so se durante questa sosta forzata avrò perso parte del terreno conquistato con il lavoro di tanti anni, se avranno approfittato della mia assenza per mettermi ancora di più all'angolo, ma, in un certo senso, non me ne importa niente.

Sono rimasta senza forze per lottare e difendere il mio spazio, tanto che credo che non mi interessi neanche più: ci andrò, farò quello che mi diranno e mi guadagnerò il mio stipendio.

Quell'amore incondizionato è finito. Tutto si rompe se si tira troppo la corda e a me è successo ultimamente con vari pilastri della mia vita: la radio, Roberto e... Juan... In un certo senso, anche lui mi ha deluso.

Lo so, Juan è meraviglioso, ma bisogna volergli bene accettando che pensa sempre a se stesso. È vero, non manca mai quando lo chiamo, ma il fatto è: perché devo sempre chiamarlo io? Perché non intuisce quando ho bisogno di lui?

Non avevo mai riflettuto sulla questione, io ho sempre voluto bene a Juan per come è, accettando il suo modo di intendere la vita e la sua maniera particolare di impostare i rapporti con gli altri. Ora però è diverso, inizio a essere stanca di darmi agli altri senza condizioni, stanca del fatto che quello che per qualcuno è così semplice a me costi tanta fatica...

Con Juan è sempre stato così, a lui è sempre venuto tutto più semplice, il suo stesso carattere gli facilitava le cose. All'università io sgobbavo e lui era sempre in giro a bere; poi i voti non rispecchiavano i miei sforzi: lui otteneva risultati eccellenti con meno dedizione. Di sicuro è più intelligente di me, ma lo aiutava anche essere sempre così rilassato, così spensierato, essere tanto consapevole del fatto che, se a un certo punto avesse avuto un problema, qualcuno di quelli che gli volevano bene lo avrebbe aiutato, professori compresi. Il suo enorme carisma gli spianava la strada. Sono sempre stata felice per lui, non l'ho mai invidiato, ma è evidente che questo genere di esperienze forgia il carattere. Quando per uno è molto facile ottenere tutto, lui non si impegna a fondo nel perseguire i propri obiettivi e non deve sforzarsi neanche con gli altri: queste persone scendono in campo con un bel vantaggio.

Juan sa che con un paio di smorfie e due frasette accattivanti mi mette nel sacco, che gli perdonerò la storia di Capodanno e tutto il resto, ma inizio a stancarmi di essere la scema del villaggio.

Stai bene, Carla?

Guarda un po', si parla del diavolo e spuntano le corna.

Meravigliosamente.

Ne sono felice!

Sì, sì, come no...

?

Niente, niente...
Tu come stai?

Be'...
Come al solito...

Oh! Siamo depressi?
Ti ha lasciato la tua nuova fidanzatina?
Che tragedia...

E questo che significa?

È uno scherzo,
sei così burlone tu
e non capisci le battute
degli altri?

Sei un po' strana o è solo
una mia impressione?

Io? No, per niente!
Sto alla grande...
Ho così tanti motivi
per essere allegra...

È per la storia di Capodanno...?
Ti ha dato fastidio, vero?

Di cosa parli?

Del fatto che, tra una scopata
e l'altra, non hai avuto neanche un minuto
per mandarmi un messaggio?

Cosa?!

Senti, Juan, sono un
po' stanca di dover sempre
chiedere tutto.
Di voler bene da
morire e che gli altri non
mi ricambino
con la stessa intensità.

Di dare, dare, dare.

E che alla fine me lo
mettano in quel posto...

Frena, Carla.
Credo che tu stia prendendo
un granchio.

Certo, certo, frena.

Juanito non vuole mai problemi.

Juanito dice sempre:
"Andrà tutto bene".

Che fortuna essere così.

Senti, non voglio continuare,
è una strada pericolosa.

Certo, non infiliamoci
in un ginepraio.
Vero?

Meglio lasciar correre tutto...
Meglio non sporcarsi le mani.

Questo atteggiamento è un filino egoista.
Non trovi?

Sai una cosa?

Sei fantastica ma hai un difetto enorme.

Ah, sì?

Illuminami...

Anticipi gli eventi.

Trai conclusioni precipitose.
E a volte fai delle grandi cavolate.

Oggi l'hai fatta con me.

Io avrei fatto una cavolata?

Io?

Che faccia tosta, Juan...

Devo chiederti scusa
perché tu non ti sei ricordato di me
in una serata del genere?

Sai che sto attraversando
un momento terribile...

Chi diavolo ti ha detto
che non mi sono ricordato di te?

Io mi attengo a quello che è successo.

O a quello che NON è successo, per meglio dire.

Tu non hai controllato la
tua mail in questi giorni, vero?

E questo adesso che
significa?

Forza, guardala e poi parla.

Ti lascio, ho una riunione importante.

Grazie per avermi rovinato la mattinata.
Ciao.

Mi precipito ad aprire la posta; è vero, sono giorni che non la controllo. Ci sono vari messaggi che non ho aperto, quasi tutti di spam, notifiche del cavolo e richieste di firme per petizioni su Change.org. E sì, c'è una mail di Juan, ma lo sguardo mi corre alla più recente, alla prima di tutte: nell'oggetto c'è scritto URGENTE e la manda Fernando Poveda, il mio vecchio capo. Fernando è stato l'unico fra i miei capi a credere in me. Gli tolsero l'incarico proprio quando stava per assumere la direzione dei programmi e io rimasi orfana. Lui sì che avrebbe scommesso su di me al momento opportuno, quando fossi stata pronta per spiccare il volo.

Urgente. La apro immediatamente.

Da: Fernando Poveda
<Fpoveda_gg@proyectosdibari.com>
A: Carla Díaz <CDiaz2000@gmail.com>
Oggetto: URGENTE
Data: 02/01/2014 12:30

Cara Carla,

spero che tu stia bene. Ho bisogno di vederti il prima possibile, devo parlarti di un progetto. Non posso dilungarmi molto qui, ti dirò soltanto che si tratta di un programma e che tu sei la mia candidata per presentarlo. Ti chiedo la massima discrezione, per favore, mi gioco molto. Ho perso il tuo numero di telefono, per questo non ti ho chiamato, mettiti in contatto con me il prima possibile al numero che compare qui sotto, quello della casa di produzione, e ti dico tutto nei dettagli.

Un bacione

Fernando

Dio mio! Un programma? Un programma! Io presentare un programma sotto la direzione di Fernando? No, non è possibile, è troppo bello per essere vero. Non può essere. Devo chiamarlo subito! Ma come faccio? Non posso ancora parlare, non posso infrangere le regole, ho ancora una settimana di silenzio davanti a me.

Accidenti accidentaccio. La vita può cambiarti in un attimo. Gli risponderò subito, la sua mail mi è arrivata ieri e io, come una stupida, non l'ho controllata. Cazzo.

Da: Carla Díaz <CDiaz2000@gmail.com>
A: Fernando Poveda
<Fpoveda_gg@proyectosdibari.com>
Oggetto: URGENTE
Data: 03/01/2014 13:30

Caro Fernando,

buon anno. Che sorpresa sentirti e ancora di più ricevere notizie così belle. Senti, è abbastanza surreale, ma... non posso parlare ancora per quattro giorni. Sono in malattia perché ho subito un intervento alle corde vocali. Fino ad allora potremo comunicare via mail o via whatsapp, come preferisci tu.

Ti anticipo che, se per te è un buon progetto, di sicuro lo sarà anche per me, ho una fiducia cieca nel tuo giudizio e una voglia enorme di intraprendere un'avventura professionale. Ormai sono pronta, ho imparato molto da quando te ne sei andato. So che dovrei fare la preziosa e dirti che devo valutare molti fattori prima di darti una risposta eccetera eccetera ma... con te non posso fingere, mi conosci da quando ero una stagista; devo confessarti che quello che faccio adesso in radio, arrivata a questo punto della mia vita professionale, è tutt'altro che stimolante. Sarà molto difficile che non ti dica "sì, lo voglio". Se tu mi dici vieni... io mollo tutto.

Aspetto tue notizie.

Un abbraccio

Carla

Inviato. Sì, ho fatto tutto quello che non deve fare chi vuole essere assunto: dire che non vedo l'ora di cambiare, raccontare che non mi trovo bene dove sono, confessare che sono disposta a tutto. Il mio messaggio comparirebbe in qualunque manuale su "come vendersi" o "impara a trattare" nel paragrafo: COSA NON BISOGNA FARE. Lo so, lo so, ma è Fernando, una delle persone più oneste che io abbia mai conosciuto e, in alcuni ambiti della vita, si fa fatica a incontrarle. Lui sa chi sono, mi ha sempre stimato; con Fernando non sarei in grado di farmi passare per la diva che non sono, con lui non avrebbe alcun senso giocare a carte coperte.

Dio mio! E se mi va bene? E se la mia occasione si chiama "Fernando Poveda"? Anno nuovo, voce nuova, progetto nuovo. Suona tutto così bene che non riesco a crederci. Devo raccontarlo a Juan. Accidenti, Juan! La sua mail! Con l'agitazione per la mail di Poveda, mi è proprio passata di mente. Adesso la leggo.

Da: Juan Ortiz <jortizpou@planning33.com>
A: Carla Díaz <CDiaz2000@gmail.com>
Oggetto:
Data: 01/01/2014 00:30

Ciao Carla, ti scrivo prima di essere troppo ubriaco per poterlo fare. È la cosa più difficile che abbia mai fatto, nessuna campagna di nessun inserzionista mi ha provocato così tanta tensione, te lo assicuro. So che quello che sto per raccontarti dovrei dirtelo guardandoti in faccia, ma non ci riesco, mi dispiace. Lo vedi, non sono così coraggioso come credi tu...

Prendo il portatile dalla scrivania dello studio e lo porto sul divano; prima di risedermi mi stappo una birra, credo che ne avrò bisogno.

Con una birra in una mano e il mouse nell'altra, continuo a leggere la mail di Juan.

So che quello che sto per raccontarti dovrei dirtelo guardandoti in faccia, ma non ci riesco, mi dispiace. Lo vedi, non sono così coraggioso come credi tu.

Ciò che è successo tra di noi quel giorno, a casa tua... ha cambiato tutto per sempre: io da allora non sono più riuscito a vederti come prima, Carla. So che è un errore che non avrei mai dovuto commettere, ma mi dispiace, non ho potuto evitarlo. Ricordo tutto perfettamente, passo dopo passo, come se fosse oggi.

Ero venuto a casa tua come tante altre volte, per parlarti di un'offerta di lavoro molto allettante; tu avevi discusso con Roberto ed eri sconvolta ma bella - tutte le volte che sei a terra sei bellissima, non so se lo sai... Quel giorno, in più, eri sexy, molto sexy, non ti avevo mai visto così.

Pensai che dipendesse da me. Avevo lasciato Sonia tre settimane prima e tanti giorni senza sesso, in piena primavera, potevano alterare la mia visione delle cose.

Ti giuro che cercai di evitare di guardarti con desiderio, tu eri Carla, la mia amica di sempre, l'unica donna che mi capisce, quella che è sempre con me quando ho bisogno di lei. Naturalmente avevo accarezzato molte volte l'idea di venire a letto con te - come con tutte le mie amiche -, ma non ci avevo mai provato, non mi sarei mai perdonato di farti del male ed è una cosa che mi riesce benissimo anche se non è mai mia intenzione...

Quel pomeriggio, però, eri diversa, Carla, sembrava che fossi distrutta dal dolore e, allo stesso tempo, ti mostravi così serena, così forte. È difficile descrivere quello che emanavi, qualcosa di molto seduttivo. E quella tuta... indossavi una tuta da casa, immagino, uno di quei pantaloni che a voi donne piacciono tanto e che fanno innervosire noi perché non riusciamo a capire come potremmo palparvi. Te li avevo visti addosso mille volte, ma mai di spalle, mai così, mentre tritavi il ghiaccio per il gin tonic e ti vibravano il sedere e i fianchi...

Era un giorno difficile per te, lo sapevo, quello stronzo di Roberto te ne aveva fatta un'altra, quell'uomo annullava la tua volontà. Io e te ne avevamo discusso mille volte, ti avevo sempre consigliato di lasciarlo, ma tu tornavi ogni volta da lui, era un rapporto tossico, che ti creava dipendenza. Forse avrei dovuto essere più cauto, pensare al fatto che in quel momento eri fragile, ma ti giuro che non so perché ti guardai in quel modo, non so perché rimasi rapito dalla cerniera lunga, che saliva dal collo e ti scendeva lungo la schiena. Carla, ti assicuro che non fu una cosa premeditata, mi accostai soltanto per continuare la conversazione molto vicino a te, alla tua nuca, ai capelli raccolti con una matita che sapevano del tuo profumo, quello di sempre, quello che mi chiedevi di comprarti quando passavo dall'aeroporto per qualche viaggio di lavoro.

Di sicuro mi sentii a mio agio perché, nonostante avessi invaso il tuo spazio, tu non sembravi intimidita, continuasti a parlare con assoluta normalità del mio dilemma lavorativo.

"E allora, Juan, cosa farai?"

E a me sarebbe piaciuto risponderti:

"Abbassarti quella cerniera e scoparti qui, in cucina, Carlita".

Ma non lo dissi. Lo feci. Ti abbassai la cerniera. Prima un pezzetto, aspettando che mi sgridassi, "ma sei scemo, Juan, non fare l'idiota, mi fai cadere i bicchieri". Ma non lo facesti.

Continuasti a parlare, con la voce rotta che avevi allora, come se non ti fossi neanche accorta del mio gesto:

"Ovvio, questo lo puoi sapere solo tu, se ti piace quello che fai...".

"Mi piace, mi piace molto..."

Mentre lo dicevo, continuai ad abbassarti la cerniera fino alla fine. Con mio grande piacere, la strada era ancora più lunga di quanto avessi immaginato, la curva dei tuoi fianchi e l'inizio del tuo sedere comparvero davanti a me come un regalo inatteso. Mi eccitai e mi avvicinai ancora di più. Tu, Carla, continuasti a tagliare il limone, come se non stesse succedendo niente, e io ti misi la mano sul seno. Il tuo respiro diventò più concitato e anche il mio.

Accarezzandoti mi accorsi che non portavi il reggiseno. La mia amica Carla, quella che si era addormentata mille volte accanto a me sul divano vedendo un film, era lì, senza reggiseno, fragile e fiduciosa nelle mie mani, il suo seno tra le mie dita, con me che ti solleticavo i capezzoli e tu che respiravi forte ma tranquilla, senza dire no, lasciandomi fare, chiedendomi con un leggero movimento dei fianchi di proseguire, di non fermarmi.

Spostai le dita dal seno alla pancia, da lì all'ombelico, proseguii e urtai contro l'elastico della tue mutandine. Ci giocai un po' finché sentii un piccolo sospiro, dissimulato da una frase:

"Ancora gin o basta così?".

"Ancora."

"Ancora?"

"Ancora, ancora..."

A quel punto io avevo già le dita sul tuo sesso e ti stavo accarezzando il clitoride, attaccato a te, con i pantaloni che stavano per scoppiarmi. Pazzo dalla voglia di prenderti, Carla. A quel punto posasti la bottiglia, ti girasti, mi guardasti come se non vedessi me, come se io non fossi io, il tuo amico Juan, e mi baciasti, mi mordesti, tirasti fuori la mia mano dalle tue mutandine e ti portasti le mie dita alla bocca, succhiandomi lentamente e guardandomi negli occhi per poi sbottonarmi i pantaloni.

"Voglio che mi prendi, Juan. Adesso." E scoppiasti a piangere.

E successe. Facemmo un sesso meraviglioso. E io seppi cosa significava averti nuda accanto a me e stare dentro di te e, all'improvviso, sentii che avevo sempre voluto starci. Quella, Carla, non è stata solo una scopata, quella notte capii cosa significa amare qualcuno e da allora non ho smesso di farlo.

Ho provato a dirtelo in mille modi, ti ho mandato un messaggio mentre stavi andando a quell'appuntamento assurdo preso su Internet e tu non mi hai risposto. Sono stato sul punto di farlo quella sera, davanti al tuo portone, dopo la cena al ristorante indonesiano, ma ho avuto paura, come un ragazzino di quindici anni. Sì, Carla, la donna su cui ti chiedevo un verdetto eri tu.

E so che sei un vero e proprio disastro, un'ansiosa, un'insicura, un'emotiva patologica e che, quando ti arrabbi, non c'è santo che tenga. E non sei la più bella, né la più alta, né la più brillante, ma sei la donna che amo, la migliore.

Immagino che, dopo averti detto queste cose, niente sarà più come prima e che, in un modo o nell'altro, ti perderò. Ti giuro che ho fatto tutto il possibile per non sentire quello che sento, sono mesi che cerco di negare l'evidenza, ma la realtà è cocciuta. Una vera bastarda. Buon anno, Carla.

Sono dieci minuti che corro e non so quali strade ho attraversato, ho la testa da un'altra parte. Penso a Juan, sì, a quella mail che non mi ha lasciato dormire tutta la notte. L'ho letta mille volte e ho provato ogni genere di emozione, mi sono eccitata seguendo il resoconto sensuale che ha fatto della nostra passione in cucina, mi sono emozionata leggendo che mi amava, ho pianto quando ha detto che sapeva che mi avrebbe perso e, soprattutto, mi sono spaventata. Mi sono spaventata molto.

Sì, sono giorni che penso troppo a Juan, è vero, ed è vero anche che, la sera in cui siamo usciti insieme, avevo una voglia pazza di baciarlo e avrei dato qualunque cosa perché fosse salito da me per scrivere il secondo capitolo di quella scopata patrocinata dal G'Vine. È verissimo anche che era stata una doccia fredda sapere che aveva conosciuto una persona e che, a Capodanno, avrei voluto a tutti i costi che, invece di quel rompiscatole del portiere con le corna da renna, fosse stato Juan a bussare alla mia porta. Gli sarei saltata addosso.

Ciò detto, sono spaventata a morte. Questo non è un gioco, si tratta di Juan, il mio migliore amico da vent'anni a questa parte, una delle poche persone con cui ho condiviso più di metà della mia vita e non mi ha detto che si sente attratto da me o che gli piaccio molto, no: Juan mi ha detto che sono la donna che ama.

Io non so cosa provo, non lo so davvero. Ho passato tre anni ad amare Roberto e, fino a qualche settimana fa, credevo che fosse ancora così, e mi sono prostrata fino a perdere la dignità nella mia battaglia per riconquistarlo. Di sicuro quell'ultima notte, in quell'albergo, i miei sentimenti sono cambiati in un attimo. Ho sentito che stavo smettendo di amarlo in un istante, come Natalie Portman in *Closer*, ma io... Non so se è normale e, soprattutto, non so se è definitivo.

È vero che, ricordando la mia notte con Juan e paragonandola al fiasco dell'addio con Roberto, ho provato un sentimento nuovo per lui che fino a quel momento era mio amico e basta. E lo è anche se in questo momento correrei a casa sua e, nuda, lo abbraccerei per rimanere così fino alla fine del mondo. Ma ho paura. Non è uno qualunque, non è uno dei tanti uomini con cui è nata una storia che non si sa come andrà a finire: è Juan, accidenti, Juan!

Correndo, penso anche all'offerta di Fernando Poveda, l'altra questione che mi turba e mi preoccupa. È l'opportunità che ho aspettato tutta la vita e devo essere all'altezza. È un premio per i miei sforzi, un risultato che onestamente merito, ma è anche un esame e non sono sicura di essere preparata adesso che il momento è arrivato. Ho voglia e paura allo stesso tempo.

Restano ben pochi giorni prima che finisca il mio riposo vocale forzato, ma io non voglio parlare. Non posso. Il silenzio di queste settimane è stato il mio rifugio, il mio periodo di riflessione, un *break* che mi ha aiutato a ordinare le idee. E adesso due mail hanno rimesso sottosopra il mio mondo. E io che ero disposta a essere una dipendente contenta e soddisfatta e una donna sola e tranquilla, come tante, che rinunciano all'idea di avere un compagno!

Darei qualunque cosa per tornare tra le mani di quell'anestesista che cantava per me, gli chiederei di addormentarmi per qualche giorno: due, dieci, un mese, non lo so... Ho paura e quando ho paura mi calmo solo dormendo. Sì, sono una codarda.

Credo che dovrei rischiare. Rischiare su tutti i fronti. Provarci con Juan e godermi senza nervosismi e insicurezze l'avventura che mi propone Poveda, ma sono morta di paura.

Adesso posso solo correre, correre, correre. Temo il momento in cui mi dovrò fermare e affrontare quello che mi aspetta.

Da: Fernando Poveda
<Fpoveda_gg@proyectosdibari.com>
A: Carla Díaz <CDiaz2000@gmail.com>
Oggetto: URGENTE
Data: 04/01/2014 08:30

Cara Carla,

mi lasci di sasso con la notizia del tuo intervento. La tua voce era meravigliosa.

Cos'è successo?! Be', poi mi dirai. Spero che il chirurgo non abbia toccato l'energia e la qualità che la rendeva così caratteristica, la voce ti servirà per quello che bolle in pentola...

Da quanto vedo, sei disposta a imbarcarti nel progetto e mi fa molto piacere saperlo. Carla, questo è un prodotto fatto apposta per te, un abito su misura, sono certo che ti identificherai molto con il tono e l'anima del programma.

Ho bisogno del tuo curriculum aggiornato e di qualche registrazione per presentare la proposta. Cerca due o tre cose tue, in registri diversi, e scegli quelli in cui brilli di

più, saprai come fare. Mandami tutto tra oggi e domani, non abbiamo molto tempo.
Io lotterò perché scelgano te, contaci, per il resto speriamo che le stelle siano dalla nostra parte.

Un abbraccio
Fernando

p.s.: C'è una cosa che mi incuriosisce. Come comunichi con quelli che ti stanno accanto? Con un campanello? Ah ah.

Dio santo, che nervi, siamo in ballo. In cosa consisterà il programma? Da quale emittente verrà trasmesso? A che ora? Se lo dice Poveda, sono sicura che mi troverò bene con quest'abito su misura.

"Il tono e l'anima", questo è il modo di parlare di uno che ama la radio. Proprio uguale a Domínguez, il mio capo, che utilizza la parola tabù, "ripieno": "Bisogna riempire quest'ora a tutti i costi", come se un programma radiofonico fosse un reggiseno con le coppe...

L'anima, imprescindibile perché un programma faccia presa sull'ascoltatore, per ottenere la complicità di chi si sintonizza alla radio. E il tono, che per la radio è ciò che il carattere è per una persona, è fondamentale che sia ben definito e che tutti quelli che formano l'orchestra lo seguano senza stonare. "Il tono e l'anima", bel titolo per un romanzo.

Ho le farfalle nello stomaco, è una cosa che assomiglia all'amore; la speranza per un progetto così mi accende tutti i motori, è come ringiovanire di dieci anni o forse di più in un colpo solo. La stessa speranza di quando ero stagista e attraversavo trasognata gli studi della radio, quando non ricordavo di dover mangiare o chiamare a casa per dire che avrei ritardato. Quella magia difficile da spiegare, l'agitazione, l'energia, la soddisfazione sentendo che sei dove avresti sempre voluto essere. Quella sensazione è tornata, credevo di averla persa e invece eccola di nuovo: mi sento viva.

E quando dirò al mio capo: "Domínguez, sai contare? Be', non contare su di me!". Oh, che momento meraviglioso! Sarà da orgasmo. Mi immagino già seduta dall'altro lato della scrivania dell'ufficio di Domínguez, con lui che batte sui tasti del computer di profilo, senza guardarmi, facendo quella cosa così scortese che fa sempre:

"Ti ascolto, Carla, ti ascolto, sto soltanto mandando una mail".

"Niente di importante, Domínguez, me ne vado, sono stata assunta dalla concorrenza."

A quel punto si staccherà dalla tastiera, si volterà sulla sua sedia girevole e mi guarderà attonito. E io, controllata, andrò avanti con la mia notiziona:

"Farò un programma, un programma tutto mio, presentato da me, sì, sì, da Carla Díaz, quella che in questa radio fa da tappabuchi. Non dirmi che non te lo aspettavi?".

"Ma Carla, che vuol dire che te ne vai? Stai scherzando, vero?"

"No, non sto scherzando affatto. Pensa un po', che peccato che tu non abbia avuto il fiuto per capire che nella tua squadra potevi contare su qualcuno in grado di fare un buon prodotto. Bene, non preoccuparti, non tutti sanno gestire il talento. Per saperlo fare bisogna averlo, ovviamente." Quest'ultima cosa non gliela dirò, non è neanche il caso di accanirsi su un uomo abbandonato.

E a quel punto lui cercherà di vendermi il fumo come al solito:

"Ma, Carla, se qui ti apprezziamo moltissimo... Sei qui da sempre, sai che appena ci sarà un buco sarà per te...".

"Un buco? No, grazie, non sono un picchio, sono una professionista che lavora da anni, che è all'altezza della situazione e si vede superare da colleghi e colleghe che non sanno un bel niente. È tutto molto chiaro, Domínguez, non prenderti il disturbo di fingere con me, sappiamo entrambi che non mi hai mai stimato."

"Questo non è vero, Carla."

E a quel punto metterò in pratica la gestualità con la quale mi sono esercitata in queste settimane di mutismo, come a voler dire: "E dai, Domínguez, non raccontarmi storie, che sono adulta e vaccinata...".

"Pensaci bene, Carla, un progetto è un rischio, può andare bene o male, qui hai il tuo posto..."

"Il mio posto? Io direi che è più la mia tomba, perché ho la sensazione che ci manchi soltanto che mettiate una lapide sulla mia scrivania: 'Qui morì la vocazione di Carla Díaz, riposi in pace. Ah, e scendi allo studio 3 a registrare due annunci sportivi...'."

Dio mio, devo segnarmi queste idee, che poi nel suo ufficio mi confonderò e le argomentazioni non mi verranno fuori così fluide. Spero che mi sia rimasta una voce ferma dopo il lavoretto alle corde vocali, perché queste ripassate ne guadagnano da un buon tono e un buon timbro.

Ah, e quando uscirà la notizia del mio nuovo programma! Faranno la pubblicità sui giornali, con la mia foto davanti al microfono e il mio nome sotto? Magari, così la mamma potrà ritagliarla per metterla in uno dei suoi album e a chi so io andrà il latte della colazione di traverso a vedermi.

Roberto mi ascolterà? Mi piacerebbe moltissimo che assistesse al mio trionfo anche in lontananza. Mi ha sempre visto soffrire, lamentarmi, la povera bambolina che si sente messa all'angolo, e tutto questo è ben poco sexy, diciamocelo. Di sicuro gli mancherò di più quando vedrà che ho avuto successo... Che vada a quel paese, come Domínguez. Avrebbe fatto meglio a essere più sveglio per apprezzare quello che aveva accanto. A volte le cose belle sono così vicine a te che non le vedi.

E Juan? Che penserà? Ha sempre creduto in me, ben più di quanto facessi io. Juan, Juan. Che starà pensando del mio silenzio? Si sentirà rifiutato, immagino, non abbiamo più parlato da quando mi ha esortato, furioso, a leggere la sua mail. Quella mail mi fa stringere il cuore. Cosa devo fare? Ancora non lo so e non posso prendere decisioni affrettate, devo pensarci bene prima di dargli una risposta. Non posso prendere una cantonata, non con lui.

In più questo non è il momento; adesso la prima cosa, la più urgente, è risolvere la mia situazione professionale. Per una volta in vita mia metterò da parte le emozioni e sarò razionale.

Devo cercare quelle registrazioni per mandarle a Poveda. Non so quale materiale ho in casa, credo che dovrò chiedere aiuto a Paco, il tecnico; ma dovrò farlo senza destare sospetti: nessuno alla radio deve subodorare che sto preparando la fuga. Nelle aziende non si possono tenere i segreti, l'unico modo perché una notizia non corra come il vento è che nessuno la sappia.

Gli dirò che, approfittando di questo periodo di malattia, mi sono messa a fare ordine tra le registrazioni per archiviare un album sonoro del mio percorso in radio. Lui ha sotto controllo tutto quello che ho fatto e di sicuro si ricorda di qualche lavoro che io ho dimenticato; in questo Paco è il migliore, un vero e proprio computer umano.

Nel frattempo aggiornerò il mio curriculum. Anche se a dire la verità degli ultimi anni c'è poco da mettere in rilievo. Lo infiocchetterò, come fanno i politici. Voglio che Poveda sia orgoglioso della sua scommessa. Devo essere all'altezza, devo essere all'altezza.

Forza, Carla, datti da fare, questo è ciò che hai sognato tante volte.

Ieri ho mandato il curriculum e le registrazioni a Poveda. Stamattina presto ho ricevuto una mail che mi ha fatto perdere la testa.

Da: Fernando Poveda
<Fpoveda_gg@proyectosdibari.com>
A: Carla Díaz <CDiaz2000@gmail.com>
Oggetto: URGENTE
Data: 05/01/2014 09:17

Ciao, Carla.
Ricevuto e inoltrato. Ti dirò solo una cosa: la tua voce è piaciuta moltissimo ai miei clienti. Il primo passo è stato un successo.
Abbi cura di te. Restiamo in contatto.
Fernando

Non potrei essere più felice di così, anche se, mano a mano che le ore passano, divento sempre più nervosa. E se la mia nuova voce non è la stessa e a loro non piacerà tanto come quella di prima? Dovrò iniziare a fumare tabacco scuro e a gridare come quei tizi che vendono gamberetti sulle spiagge di Cadice.

Adesso sono a casa di Marián, mi ha chiesto di restare un

po' con Mario, oggi è il 5 gennaio, i Re Magi stanno per arrivare e lei deve comprare alcune cose, tra cui il *roscón*, il dolce tipico della festa.

Non ci vedevamo dalla nostra lite, ma l'incontro è stato facile: quando due persone hanno il fermo proposito di capirsi, c'è poco da dire.

"Ti trovo benissimo, Carla, sei più bella che mai. Quanto ti ha fatto bene la pausa forzata, brutta stronza!"

Sorrido soddisfatta, Marián non sa tutto quello che mi è successo da quello strappo. Be', sì, le ho raccontato cosa mi succede con Roberto, o meglio quello che non mi succede più.

Un paio di giorni fa le ho inviato una mail perché non mi sembrava di riuscire a riassumere tanti sentimenti con la lavagnetta o con una serie di messaggi e lei mi ha risposto subito, breve ma perentoria:

Da: Marián Martínez <MarMarBla@gmail.com>
A: Carla Díaz <CDiaz2000@gmail.com>
Oggetto:
Data: 03/01/2014 23:45

Mi inchino a te. Mi rimangio quello che ho detto. Stavolta avevi ragione, andare a letto con Roberto è stata una decisione saggia. Hai vinto tu. E io ne sono felice, ovviamente, perché ti voglio bene. Ho tanta voglia di vederti, mi manchi.

Ed eccoci qui, insieme, nel suo bagno, lei che si prepara per gettarsi nelle strade affollate di gente isterica in preda allo spirito festivo e io pronta per indossare i panni da babysitter per occuparmi di Mario per qualche ora.

"E per il resto come va?" chiede mettendosi il mascara davanti allo specchio.

È una maga, dal suo sguardo credo che intuisca di essersi persa un pezzo della mia vita e che, in questo periodo, è successo qualcosa di importante. Devo avere disegnate in faccia le tracce dei due dilemmi che mi riempiono di speranza e mi spaventano a morte: Juan e Poveda.

Di Juan non mi azzardo a parlare. Marián ha sempre voluto che ci mettessimo insieme: se le dico quello che ci sta succedendo si metterà a esultare e non mi conviene. Ho bisogno di calma per pensarci, meglio se le racconto la storia del lavoro:

MARIÁN, POVEDA MI HA FATTO UN'OFFERTA.

"Ma che mi dici! Fernando Poveda? Quel tuo vecchio capo?"

Annuisco, lei ripone il mascara in una trousse e si gira per guardarmi.

"E se non te lo chiedo non ti lasci sfuggire niente, bella? Racconta! In che consiste l'offerta?"

UN PROGRAMMA PRESENTATO DA ME.

"Wow! Ma è una cosa fantastica, Carla! Sarai pazza dalla felicità! E di cosa si tratta? Da quale radio verrà trasmesso? Quando inizia?"

BE', ANCORA NON È SICURO.
IO SONO LA SUA CANDIDATA.
CE NE SONO ALTRE.

"Ma di sicuro tu sei la migliore. E poi, Poveda. Avevate un buon rapporto, no?"

OTTIMO.
È UN GRANDE.
CE NE SONO POCHI COME LUI.
ONESTO, INTEGRO E MI APPREZZA.

"Ah, Carla, sono emozionatissima. È il tuo sogno, quello che aspetti da sempre. Spaccherai, lo so. Sarai una stella."

AH AH. IO MI SENTO PIÙ UNA STELLA CADENTE.

Marián mi si avvicina ancora di più e mi prende per le spalle guardandomi negli occhi:

"Basta con le sciocchezze. Inizia a credere in te. Sei l'unica che ha dubbi, noi che ti conosciamo bene sappiamo perfettamente quanto vali. Te lo meriti. È un regalo meraviglioso dei Re Magi".

"I Re Magi non sono ancora arrivati," interviene Mario che, apparentemente, stava pensando ai fatti suoi finché non ha sentito la parola chiave.

"No, non sono arrivati, hai ragione, Mario. E mamma esce, bisogna comprare un *roscón* enorme. Uff, è già mezzogiorno! Scappo, poi mi racconti meglio, tesoro. Mi sembra una notizia meravigliosa. Mario, comportati bene con la zia Carla e ricordati che non può parlare. Fai il cavaliere."

Mario mi fissa con i suoi enormi occhi neri con l'espressione attonita. Da quando ho iniziato il riposo vocale mi osserva con sospetto, come se io non fossi più la stessa, sua zia Carla, quella che fa le vocine strane per dare vita ai suoi pupazzetti, quella che canta con lui le canzoni di SpongeBob e Peppa Pig.

Mi guarda come se non mi riconoscesse e forse un po' di ragione ce l'ha, qualcosa è cambiato dentro di me in questo periodo di silenzio. Credo che dovrei pensare, a partire da ora, a parlare di meno e a riflettere di più, smettere di precorrere gli avvenimenti ed evitare di trarre conclusioni precipitose, come mi ha rimproverato Juan. Inizio a pensare che il silenzio sia sexy. Quasi tutti parliamo troppo e ascoltiamo poco gli altri e, ancor meno, noi stessi.

Marián chiude la porta e io e Mario restiamo soli. Io leggo i titoli delle notizie su Twitter e lui gioca sul tappeto smontando un giocattolo che poi rimonterà. Compie con grande abilità entrambe le operazioni; gliel'ho visto fare molte volte e non si sbaglia mai né gli avanzano i pezzi quando lo ricostruisce. Proprio come succederebbe a me! Mario è un vero esempio di pazienza e concentrazione, a soli nove anni sembra un adulto, responsabile, buon osservatore e molto intelligente.

"E non parlerai mai più, zia?" Me lo dice senza guardarmi, concentrato sulla sua attività di ricostruzione. Poso il cellulare e prendo la lavagna per rispondergli.

SÌ, TRA DUE GIORNI PARLERÒ DI NUOVO.

"E cosa dirai?"

Accidenti, è la domanda da un milione di dollari, questo bambino mi fa paura. È quello che mi chiedo io, cosa dirò. Magari lo sapessi. Ci penso in continuazione, cercando una risposta tra il mio cuore e la mia testa.

NON LO SO, MARIO. TU CHE DIRESTI SE FOSSI STATO ZITTO PER MOLTO TEMPO?

"Be'..." Mario si gratta la testa. Fa sempre questo gesto quando riflette e, quando ha molto sonno, si tocca l'orecchio, lo fa da quando era neonato. È facile leggere le sue intenzioni nelle sue smorfie; è un bambino molto espressivo e terribilmente bello, come Luca, il padre che non c'è mai.

Dopo qualche secondo di riflessione, si decide a darmi una risposta:

"'Ciao, sono Mario.' Be', tu devi dire: 'Ciao, sono Carla'. Così la gente sa chi sei, perché forse, visto che non parlavi, non sapevano che tu eri tu, zia".

Resto a guardarlo a bocca aperta, lui non è consapevole della profondità della sua osservazione. Mario ha la chiave, di solito i bambini ce l'hanno, il fatto è che noi grandi non ci facciamo proprio caso, ma ciò che dicono ha, la maggior parte delle volte, molta più sostanza delle nostre conversazioni contorte da adulti che di solito non arrivano da nessuna parte.

Effettivamente Mario ha ragione. Devo presentarmi di nuovo, dire chi sono, perché forse, dopo queste giornate di riflessione forzata e tutti gli avvenimenti che ho vissuto negli ultimi due anni, non sono la stessa.

In questo periodo di mutismo ho accumulato mille conversazioni nel cervello: le frasi degli altri, parole che mi risuonano in testa lasciandomi idee e impressioni sul tipo di persona che sono. E anche le mie, le mie elucubrazioni, tutto quello che ho dovuto custodire nella mia testa perché non avevo la possibilità di vomitarlo senza controllo attraverso la voce, come faccio normalmente.

Noi adulti crediamo di essere finiti, completi come esseri umani, nella nostra versione definitiva, e ripetiamo la classica frase: "Io sono così". Ma non è vero, siamo sempre in perenne costruzione, come un sito web, incorporando novità, eliminando impostazioni che risultano vecchie, mantenendo l'essenza, sì, ma in costante cambiamento.

In questi giorni ho sentito di avere molto da cambiare dentro di me, molto da imparare per non cadere negli stessi errori, per evolvermi e, soprattutto, per iniziare a vivere la vita con meno tensione, con meno angoscia, fluendo, come dice César, il mio istruttore di pilates, facendo sì che le mie catene muscolari si rilassino e smettano di bloccarmi i movimenti.

Guardo Mario e cerco di immaginare come sarà da grande, in che genere di uomo si trasformerà e quanto avrà di Marián, di suo padre, dei suoi nonni, di me. Mi suscita invidia che abbia ancora tanto tempo davanti a sé per smontare e rimontare i pezzi, con l'abilità e la tranquillità che lo contraddistinguono. Io non sono piccola come lui, devo iniziare il prima possibile.

ALLORA ME LO SEGNO, MARIO.
MI PIACE QUELLO CHE DICI.
"CIAO, SONO CARLA" SARÀ LA PRIMA COSA CHE DIRÒ, TE LO PROMETTO.

"Va bene." Mario va avanti con il suo gioco, per niente impressionato dall'influenza che il suo consiglio ha avuto su di me. Apparentemente spensierato, ma con i cinque sensi concentrati su quello che sta facendo, mette l'ultimo pezzo nel camion del Lego e mi indica i telecomandi della Play con faccia da furbetto. Il suo gesto non lascia spazio a dubbi, vuole darmi una lezione con *Mario Kart* e me la darà, come sempre. Forza, Carla, le zie sono nate per soffrire...

Questa è una notte magica. La migliore dell'anno quando sei bambino. Ricordo perfettamente cosa provavo allora: mi sembrava incredibile la possibilità che tre signori che non conoscevo affatto passassero per casa mia e mi lasciassero quello che avevo chiesto, così, senza tante storie, perché io ero stata buona – per quanto possibile – e perché loro mi avevano letto nel pensiero – era impossibile che capissero la mia grafia. Quei signori erano proprio dei maghi.

Migliaia di bambini in questo momento staranno dormendo o facendo finta in quella che sarà, probabilmente, l'attesa più dolce di tutte quelle che dovranno affrontare nel corso della loro vita. E io qui, in procinto di passarla da sola.

Non ho figli, non ho un compagno, a dirla tutta non ho neanche il *roscón* e no, non ho genitori che mettano bicchierini di anice e acqua accanto al presepe, per le loro maestà e i rispettivi cammelli. Be', sì, ho una madre, ma sta facendo altro, è passato il suo momento di vegliare la dolce attesa dei suoi figli che sognano, con i pigiami di flanella, nei loro lettini. Magari il tempo tornasse indietro, per una sola notte, per questa notte.

Prima di cadere definitivamente nel buco nero della nostalgia, mi verso una coppa di un corposo vino dell'Estremadura con un nome che dice tutto: Habla n° 1. È stato uno scherzo di David, lui non fa mai niente per caso. Mi ha regalato una bottiglia quando entrambi pensavamo che fosse un vincente eterosessuale con una moglie perfetta. Dio mio, quante cose mi sono successe in questi giorni, ho la sensazione di aver vissuto una vita intera in sei settimane.

È ora di affrontarlo, sono una donna che beve sola alla vigilia dell'Epifania. Si può essere più pietosi di così? Non ho neanche messo le scarpe accanto all'albero, naturalmente non ce l'ho neppure un albero di Natale. Sono un vero disastro, non potrei mai comparire sulla copertina di "¡Hola!".

Per tirarmi su metto un disco di Oscar Peterson che si intitola *Tristeza* – molto adatto, sì, sono un genio – e quando arriva la settima traccia, *Down here on the ground*, il cuore mi accelera e mi trasporto immediatamente a un momento indimenticabile. Quella era la melodia che risuonava in questo stesso salotto la sera in cui io e Juan abbiamo deciso di parlarci da pelle a pelle; ricordo di averla ascoltata dalla cucina, mentre io tagliavo il limone e le sue mani percorrevano il mio corpo in lungo e in largo. Ogni accordo di pianoforte è una sferzata emotiva, darei qualunque cosa per averlo qui ora, accanto a me, così sì che sarebbe la mia notte magica.

Ballo lentamente davanti allo specchio dell'ingresso trascinata dalla cadenza sensuale di Peterson e mi guardo attentamente la faccia senza smettere di muovermi. Sì, ho due o tre zampe di gallina nuove, il passare del tempo è inarrestabile e io sono sempre qui, ad aspettare il momento giusto per trovare il coraggio di vivere, per dire a Juan che sì, lo voglio, che ho bisogno di correre il rischio, che non potrei perdonarmi la vigliaccheria di non averci provato.

Senza pensarci, senza essere molto cosciente di ciò che faccio, sotto gli effetti del cabernet sauvignon e del jazz, vado in camera mia, prendo dalla stampella la mia tuta da casa e me la metto, tiro su la cerniera sulla schiena con qualche difficoltà, mi raccolgo i capelli con una matita, mi avvolgo in un cappotto grigio di panno per nascondere il mio abbigliamento casalingo, prendo la mia bottiglia di Habla iniziata, la borsa e le chiavi e scendo in strada a cercare un taxi.

Domani è il giorno X, domani, secondo la prescrizione medica, potrò parlare, ma in fondo se anticipo cosa sarà mai? Alla fine qualche ora può alterare il mio recupero? Sono stata disciplinata come mai prima d'ora, nessuno fa un riposo assoluto lungo come il mio.

È vero che House ha insistito che, nel mio caso, prolungare il silenzio mi avrebbe giovato molto – forse ha intuito che nel momento in cui mi avesse dato semaforo verde avrei fatto fatica a controllare la mia incontinenza verbale e si è premunito. E io... non ho aperto la bocca neanche una volta, con la quantità di occasioni in cui ho avuto bisogno della mia voce in questi giorni. Ma no, non mi sono mossa di una virgola, sono rimasta in silenzio per la prima volta in vita mia. Insomma, sono stata ligia al dovere e ubbidiente. Ma se stasera non lo fossi?

Mentre penso se rispettare o meno l'orario esatto della mia libertà vocale, mostro al tassista l'indirizzo che ho scritto sul foglio delle note del mio telefono. Per evitare discussioni mute, sotto ho aggiunto un messaggio bello chiaro: "E mi ci porti per la strada più breve, voglio arrivare in fretta".

In taxi suona la radio, voci note che accompagnano il tragitto durante il quale guardo attentamente le strade, come mai prima d'ora, notando ogni particolare, i balconi Art déco di palazzi davanti ai quali sono passata mille volte senza fermarmi a osservarne la bellezza; lasciandomi sorprendere dai bagliori delle luci di Natale che si inerpicano sugli alberi. Soffermandomi su ogni angolo, ogni marciapiede, ogni passante notturno avvolto nella sua sciarpa, macchine che circolano, autobus mezzi vuoti, ragazze con minigonna e calze nere che sfidano il freddo pur di essere belle. Madrid fa le ore piccole.

No, non voglio dimenticare nessun particolare di questa notte magica, ho bisogno di ricordarla per sempre così come è ora, per quando questa sensazione svanirà, perché succederà. Il tempo è un ladro della bellezza. Voglio poter tornare a queste immagini quando la mia vita sarà un'altra e rivivere l'agitazione che adesso ho dentro. Voglio poter recuperare quest'emozione tutte le volte che vorrò, quando ne avrò bisogno.

È imprescindibile fermarsi a elaborare i ricordi, essere consapevole in tempo reale di quanto succede perché, quando il momento passa, è l'unica cosa che ci resta, il ricordo di quello che un giorno abbiamo vissuto, di quando siamo stati immensamente felici, di quando sentivamo che non importava nient'altro, come adesso.

Il tassista si ferma davanti a un portone che conosco bene, pago e lo saluto con un cenno. Lui andrà avanti per la sua strada, colorata dalla solita routine, senza sapere che oggi ha portato in macchina una persona che sta vivendo un momento unico; forse avrei dovuto invitarlo a condividerlo con me, come feci quel giorno con la gomma da masticare alla menta, non c'è niente che nutre di più le persone delle storie degli altri. Troppo tardi: vedo il taxi allontanarsi e qualche passo più in là raccoglie un altro passante con un'altra storia. Respiro profondamente e mi dirigo verso la mia destinazione.

Suono il citofono, mi apre. Il tragitto dall'ascensore alla sua porta non mi era mai sembrato così lungo. Non ho il tempo di bussare al campanello, arrivo e lui è lì, con lo sguardo fisso su di me e sul mio aspetto: tuta da casa, mezza spettinata e con una bottiglia di vino in mano.

"Ciao, sono Carla."

Mi risulta scioccante ascoltarmi per la prima volta dopo tanti giorni; la mia voce è un'altra, più sottile, più dolce, meno energica, una voce incompiuta, come me.

A Juan, però, questo suono deve sembrare il più vicino e riconoscibile del mondo perché mi abbraccia come sempre e mi bacia come mai prima d'ora, piano ma avidamente, come se avesse aspettato la mia bocca per un milione di anni. Sì, i Re Magi esistono davvero e mi hanno portato uno splendido regalo.

Juan chiude la porta senza staccarsi dalla mia bocca e ho il tempo di pensare soltanto: "Che sia quello che vuole Dio e, se ci va male, be'... non è la fine...".

Quello che c'è stato tra me e Juan ieri notte è stato... semplicemente meraviglioso. C'è stata passione, molta; eppure questa volta non abbiamo fatto tanto sesso quanto l'amore, amore allo stato puro.

Abbiamo parlato e parlato in un modo in cui non lo avevamo mai fatto. Ci siamo detti tutto quello che pensavamo l'uno dell'altra, quello che provavamo, entrambi meravigliati del fatto che, a questo punto delle nostre vite, avessimo cominciato a vederci in un altro modo.

In certi momenti ridevamo della scena di cui eravamo protagonisti: due amici dai tempi dell'università, dopo aver vissuto tanti momenti insieme, che si scoprono amanti.

Sì, riconosco che, in un certo senso, mi sentivo strana ad accarezzare la pelle di una persona che mi è così familiare. Quel gesto aveva qualcosa di proibito, la sensazione eccitante che stavamo trasgredendo una qualche regola. Ricordo quanto si è messo a ridere quando gli ho detto: "Juan, mi sembra di starmi facendo... mio cugino!".

"Ah ah, sei pessima. Be', devi sapere che io mi sono sempre voluto fare mia cugina. Hai realizzato la mia fantasia! Baciami, cuginetta."

"Idiota."

E così abbiamo trascorso la notte, storditi, felici, ricominciando, ma senza distruggere l'ossatura di complicità e unione che abbiamo costruito nel corso della nostra mezza vita insieme, in tutti questi anni di affetto e cameratismo durante i quali non ci è mai passata per la testa la possibilità che un giorno saremmo diventati un'altra cosa.

Non ricordo una mattina dell'Epifania così magica da quando, a nove anni, mezza addormentata, arrivai nel salotto della casa dei miei genitori con mio fratello Javi e vidi una fiammante bici BH rossa, con le rotelle, a cui era appeso un cartellino con il mio nome. Oggi sono tornata a essere una bimba avvolta dalla magia, ma stavolta senza pigiama.

All'una, dopo molti baci e vari tentativi di ricominciare ad accarezzarci, sono andata a casa di mia madre. Eravamo rimaste d'accordo che avremmo pranzato insieme.

"Carlita, tesoro, non hai dormito?"

"Un pochino..."

"Ma parli di nuovo!"

"Sìììììì!"

"Grazie a Dio! E non mi avevi detto niente! Era oggi il giorno prestabilito?"

"Sì. Ma in realtà ho interrotto la tregua ieri sera."

"E come ti senti? Ti fa male quando parli?"

"No, no, no, non mi fa male niente. Sto alla grande, mamma."

"Hai un'altra voce, è... è diversa."

"Sì, ma non è quella definitiva. Adesso devo iniziare ad andare dal foniatra o dal logopedista per imparare a parlare."

"Imparare a parlare? Figlia mia, ma se tu hai la lingua d'oro! Tuo padre lo diceva sempre: 'La bambina parla molto bene'."

"Be', devo imparare a usare la mia voce correttamente, a respirare, ad allenarla perché sia forte, perché non si ammali di nuovo. Ho fatto molte cose sbagliate, mamma, devo disimparare quello che sapevo e ricominciare."

Mia madre non sembra prestare alcuna attenzione alla mia riflessione che parla della voce e anche di altro, lei continua a tritare coscienziosamente il peperoncino per il soffritto. Dopo, però, quando mi risponde, mi fa capire che sì, mi ha ascoltato e mi ha capito perfettamente.

"Non riesco a credere ai progressi che sono stati fatti al giorno d'oggi, ormai ci sono i logopedisti e quegli altri che hai detto tu. Prima tutto questo non esisteva, ognuno aveva la sua voce e basta, nessuno ti insegnava a fare le cose per bene. Io, da giovane, restavo afona durante i festeggiamenti per l'Assunzione della Vergine Maria, il 15 agosto, e tua nonna mi faceva una ramanzina ogni volta. Be', e anche quando subivo qualche dispiacere. E pensa a quanto sono vecchia adesso e mi succede ancora. Non si impara mai."

"Già."

Ricordo perfettamente che, quando Javi morì, mamma rimase senza voce quando ricevette la notizia. Fu immediato. Pensai che le parole si rifiutassero di uscirle di bocca perché non trovavano il modo di combinarsi per costruire qualcosa di coerente da dire. Poi il medico ci spiegò che quella condizione aveva un nome: "afonia da conversione", ed era una conseguenza del trauma. Con il passare dei giorni recuperò poco a poco la voce, ma non tornò mai uguale a prima.

Mi piace vederla così, tranquilla, assorta, mentre prepara una salsa che inonda di un aroma delizioso tutta la casa. Cucinare è il suo rifugio, il suo modo di dedicarsi all'arte e anche una maniera per nutrire l'anima di coloro che la circondano. Per mia madre il cibo è sempre stato un elemento protettivo e curativo: il brodo di pollo per il raffreddore, il riso in bianco per la gastrite, il latte caldo per conciliare il sonno. E, senza saperlo, attraverso il rapporto con gli alimenti, sosteneva anche una visione edonistica della vita: "Se te lo chiede il corpo ti farà bene".

Non resisto ad aspettare che il piatto sia pronto del tutto. Prendo un pezzettino di pane, lo inzuppo nella salsa di pomodoro che è ancora in padella e mi vengono le lacrime agli occhi per quanto è buona.

"Accidenti, Isabelita, che figata questa salsa!"

"La voce così sottile e tu così sboccata, pensa un po'...!" Mia madre sorride, lusingata.

Per la prima volta dopo tanto tempo ho fame. Credo che sia da quando la mia vita ha iniziato a complicarsi che non ho più mangiato bene. Adesso sì, ho voglia di mangiare, di ridere, di vivere. Ho voglia di tutto, sono di nuovo io.

SETTIMA SETTIMANA

¡Hay que vivir!, amigo mío,
antes que nada hay que vivir,
y ya va haciendo frío,
hay que burlar ese futuro
que empieza a hacerse muro en ti.

(Bisogna vivere, amico mio / prima di tutto bisogna vivere, / e già inizia a far freddo / bisogna beffare questo futuro / che inizia a farsi muro dentro di te.)

Hay que vivir, Joan Baptista Humet

Diamo per concluse le festività natalizie. Sono tutte diverse, ma queste non le dimenticherò mai. Domani torno al lavoro dopo sei settimane di assenza. Sì, mia madre ha ragione, prima o poi tutto arriva.

Primo messaggio della mattina. Cristina. Vediamo che vuole adesso.

> Ciao, Carla. Spero che i Re Magi ti abbiano portato molti regalini, ih ih. Una cosina, i tecnici devono formattare i computer e hanno bisogno delle tue password. Gliele comunichi oggi o aspettiamo domani quando torni? Come preferisci. Bacetti. Cris

Regalini? Una cosina? Bacetti? Che noiosetta che sei, Cris, tesorino. Le mie password, le mie password, al diavolo le mie password! Ho le ore contate in quella radio, presto inizierò la mia avventura. Perciò per quanto mi riguarda possono ficcarsi il mio computer dove vogliono, o anche portarlo a rottamare. Che piacere sapere che nessuno di loro si immagina quello che mi attende. Forza, risponderò al "messaggino".

Ciao, Cris. Sì, sì, meglio se ve le do domani, possono iniziare dai vostri computer, tanto per un giorno... Ci vediamo domani. xxx

Santo cielo, che incubo.

Bene, è arrivato il momento di parlare con Marián. Sono tanti giorni che non mi sente... Resterà di stucco quando ascolterà di nuovo la mia voce.

"Pronto?"

È Mario, gli piace un sacco rispondere al telefono.

"Ciao, sono Carla!"

"Zia?!"

"Sì, sono io. Hai visto? Te lo avevo promesso. Ho detto: 'Ciao, sono Carla!'."

"Ah ah!"

La risata di Mario è stupenda e contagiosa. Gli psicologi dovrebbero descriverla per combattere i momenti di depressione. "Parla, zia!"

"Ciao, ciaoooo."

"Ah ah!"

"E allora, com'è andata con i Re Magi? Si sono comportati bene?"

"Sì!"

"Che ti hanno portato? Sentiamo..."

"Due giochi della Play, un pallone del Real Madrid, il film di *Cattivissimo me*, due racconti di Bat Pat e una tuta da ginnastica, e manca ancora quello che hanno lasciato a casa di papà e dai nonni!"

"E quello di casa mia! Anche qui sono passate le loro maestà..."

"Cos'è?"

"Non lo so, è incartato, non l'ho aperto, lo devi fare tu."

"Ma è grande o piccolo?"

"Be'... non so che dirti..."

"Sembra un gioco della Play?"

"Ah ah. Ti ho detto che non lo so, noiosone! Dovrai venire a casa mia e vederlo da te."

"E quando vengo a casa tua, zia? Oggi?"

"Quando lo dice la tua mamma. Passamela e glielo chiedo."

"Vado! Mamma, zia Carla al telefono!"

Mario si allontana gridando e lo sento trotterellare per il corridoio. "Adesso parla!"

Sento i tacchi di Marián che si avvicina e lo scricchiolio dell'auricolare quando lo prende.

"Sentiamo, sentiamo, cos'è questa storia che adesso parli?"

"Ciao, bella."

Faccio la voce da cabarettista e sento dall'altro capo le risate di Marián.

"Ah, che forza, Carla. No, davvero: parla senza fare la stupidina, vediamo come ti hanno lasciato."

"Be', adesso la mia voce è così."

"Uh, sembri una bambina! Ma hai una voce dolcissima! Santo cielo, vicino a te sembro Leonard Cohen raffreddato."

"Ah ah, quanto sei scema! Questa non è la voce definitiva, il dottore figaccione mi aveva detto che all'inizio sarebbe stata più debole, ma che, a poco a poco, l'avrei rafforzata con la riabilitazione. Vedremo come va a finire."

"Be', e per il resto, tutto bene? Come va con Poveda?"

"Va, va. Al gran sinedrio la mia voce è piaciuta, è l'ultima cosa che ho saputo. Vediamo se gli piace la nuova e, già che ci siamo, tutto il resto, il mio cervello eccetera eccetera."

"Sicuramente sì e ancora non ti hanno visto il sedere, che è il tuo pezzo forte."

"Che sciocca che sei, tesoro. A dire il vero ho delle novità da raccontarti."

"Roberto...?" Marián lo dice un po' spaventata, un po' preoccupata e un po' trattenuta. Penso che abbia paura che litigheremo di nuovo a causa sua.

"No, no, si tratta di Juan."

"Che succede? Non mi dire che Juan si sposa!"

"No! Neanche per sogno. Vediamo, come te lo spiego? Io e Juan... Io e Juan ci siamo messi insieme."

"Scusami?! Come sarebbe che vi siete messi insieme!?"

"Sì, Marián. Pensiamo di volerci bene, ma volerci bene in quel senso. E vogliamo provarci, vediamo come va l'esperimento."

"E dai, Carla, è uno scherzo."

"No, sono successe molte cose che non ti ho raccontato."

"Ma allora sei una stronza!"

"Non potevo, non volevo complicare la situazione, ero immersa in un mare di dubbi, Marián."

"Sì... Immagino..."

"Senti, se ho imparato qualcosa in questi giorni è ad apprezzare il silenzio e quanto è conveniente saper aspettare e non avere fretta. '*Festina lente*,' diceva la mia professoressa di latino. 'Affrettati lentamente.' E io per tutta la vita ho fatto esattamente il contrario: accelerare senza andare da nessuna parte."

"Cara mia, quanto ti trovo filosofica. Ma Juan te lo sei trombato."

"Marián!"

"Sì, bella, diciamo le cose come stanno, te lo sei trombato. Be', Juan è un discreto figo, eh? Ha molte ammiratrici!"

"Lo so. Non credere che non ci abbia pensato."

"Ma no, scema, non lo dicevo per quello! Sono sicura che per Juan tu non sei una delle tante; se avesse voluto solo farsi un giro con te in amicizia, lo avrebbe fatto molto tempo fa. Juan ti adora, su questo non c'è alcun dubbio."

"Senti, io... io non so cosa succederà, né quanto durerà questa storia. Magari ci scorniamo e lasciamo perdere tutto nel giro di due settimane. Ma sai una cosa? Non mi interessa. Voglio vivere, Marián. Mi voglio vivere questa storia. È troppo tempo che sopravvivo, che faccio cose che, in fondo, non so se voglio fare. Ho passato la vita pensando che tutto quello che voglio lo devo ottenere soffrendo e adesso basta."

"Carla, sul serio, sono felicissima. Vi ho sempre visti bene insieme, te l'ho detto mille volte. Avete una chimica pazzesca, vi conoscete, vi rispettate, vi volete bene. Non fingete di essere quello che non siete, sapete quasi tutto l'uno dell'altra. E poi, senti, se un giorno Juan ricomincia a fare il farfallone, non fa niente... molto meglio un bel cioccolatino per tutte che una palata di merda solo per te."

"Ah ah, tu sì che sei una filosofa! Vediamo di vederci, così ti racconto tutto nei minimi particolari. Ti verrà la bava alla bocca, ti avverto."

"Mi hai già fatto venire l'acquolina."

"Ti voglio bene."

"Io di più. Chiamami quando hai tempo per vederci."

"Sì, devo dare i regali a Mario. Mi organizzo e ti faccio sapere. Un bacione."

"Anche a te. E un bacione anche al tuo fidanzato, Juan... Ah ah, me la faccio sotto."

"Dai, scemotta, ciao."

Proprio mentre riaggancio mi arriva un whatsapp:

Sto per imbarcarmi.

Ti voglio bene.

Un bacio.

Anch'io.

Non puoi parlare?

No, ho il mio capo appiccicato alle chiappe.

Digli di tenere giù le mani.

Ah ah.

Ti chiamo dopo.

Ok. Un bacio.

Juan non chiude la conversazione con un altro bacio ma con un link a una canzone, *Algo contigo*, nella versione di Mayte Martín e io... mi sciolgo: *Hace falta que te diga que me muero por tener algo contigo, y es que no te has dado cuenta de lo mucho que me cuesta ser tu amigo...* (Devo dirti che muoio dalla voglia / di stare con te, e dire che tu non ti sei resa conto / di quanto mi costa essere tuo amico).

Ballo per il salotto fluttuando tutta soddisfatta finché un trillo di whatsapp mi riporta con i piedi per terra.

Ciao, Carla. Ci sei?

Sì, certo.

Ti chiamo?

Adesso posso parlare!

No, no, aspetta, ti chiamo io.

Ah, che nervoso. Per favore, Poveda. Dammi notizie. Dio santo, che voglia di fumare. Ma se ho smesso dieci anni fa! Mi scappa la pipì. Non so se andare in bagno. E se mi chiama proprio in quel momento? No, no, resisto, non può sentire lo sciacquone, non sarebbe elegante.

Chiama, chiama. Chiama, Poveda, accidenti a te!

"Carla?"

"Ciao, Fernando, come stai?"

"Uh, faccio fatica a riconoscerti. Che vocina!"

"Be', l'ho inaugurata due giorni fa, deve ancora cambiare, mi hanno detto che con gli esercizi vocali me la ricostruirò. Ah ah, non preoccuparti, tornerà ad avere un bel suono."

"Carla..."

"Dimmi tutto."

"Non so come dirtelo. La tua voce è piaciuta moltissimo a tutti, il tuo curriculum è ottimo, nonostante l'arresto dell'ultima tappa. Apprezzano il tuo profilo, apprezzano tutto di te, ma..."

"Ma..."

"Vogliono un nome noto."

"Capisco."

"Sai come vanno queste cose, nessuno si prende dei rischi e men che meno al giorno d'oggi. Preferiscono andare sul sicuro, almeno per quanto riguarda la notorietà, e scegliere un personaggio conosciuto. Ti giuro che mi sono battuto a morte e, sinceramente, credo che abbiano sbagliato non scegliendo te, ma non ho io l'ultima parola, i clienti sono loro."

"Non preoccuparti, Fernando, so come funziona."

"Già."

"Io ti ringrazio moltissimo. Grazie per aver avuto fiducia in me, grazie davvero. Ci saranno altre occasioni."

"Ci saranno."

"Di sicuro."

"Adesso che ti ho ritrovata, ti terrò ancora più presente per qualunque progetto dovesse saltare fuori."

"Grazie mille."

"Bene, Carla, un giorno di questi passa per la casa di produzione e ci prendiamo un caffè insieme."
"Con piacere."
"Ti abbraccio. E curati la voce, che prima o poi risuonerà nel posto che le spetta."
"Ah ah, lo farò, lo farò. Ti abbraccio anch'io, Fernando, grazie ancora."

È difficile descrivere il fastidio fisico che ti provoca una delusione, non sono neanche in grado di collocarlo in un posto esatto del corpo. È nella gola? Nel cuore? Nello stomaco? Non lo so.

Immagino che fosse troppo bello per essere vero. Era tutto troppo da favola di Natale. La realtà vince sempre. Sì, ho esperienza, conosco il mestiere, ho voglia di lavorare e capacità per farlo, ma non ho un nome. Carla Díaz non è nessuno.

Vado in bagno a fare quello che ho lasciato in sospeso appena prima della telefonata di Poveda e, seduta sulla tazza, scoppio a piangere sconsolata, un'immagine tragica che racconta graficamente che noi donne siamo in grado di fare due cose allo stesso tempo.

Mi sono alzata piuttosto riposata nonostante ieri sera abbia faticato molto a prendere sonno. La botta è stata forte e la cosa peggiore è che era davvero difficile che si presentasse un'occasione così, apparentemente era tutto così perfetto che sembra il classico ultimo treno.

Juan mi ha chiamato da Barcellona prima di andare a dormire. Io non volevo raccontarglielo, ma non ho potuto dissimulare il mio stato d'animo. Mi si è spezzata la voce nuova nel bel mezzo della conversazione.

"Devo dirti una cosa."

"Che succede? Stai male? Ti penti? Se non sei sicura, aspettiamo, ci diamo un po' di tempo, non c'è problema..."

"No, no, Juan. Non ho nessun dubbio. In questo momento darei qualunque cosa per uno dei tuoi abbracci."

"E allora?"

"Non è andata. L'offerta della radio. Non mi hanno scelto."

"Ah... mi dispiace. E sappiamo perché?"

"Secondo Poveda sono piaciuta a tutti, ma vogliono un nome, un conduttore famoso, non hanno bisogno di una ragazza sconosciuta per il loro progetto."

"Ah."

"Be', tu sai come vanno queste cose."

"Sì."

“Forse tu prenderesti la stessa decisione per un tuo cliente.”

“Forse, o forse no, non lo so. Carla, io non sono obiettivo, io so benissimo quanto vali, loro no.”

“Senti, ho mandato giù il rospo, le cose stanno così e io non posso cambiarle.”

“Ci saranno altre offerte, vedrai. Quando il telefono inizia a squillare, arrivano altre telefonate.”

“Fa lo stesso, dico davvero, non voglio più pensarci. Juan, scusa, adesso riaggancio, sono stanchissima e domani devo alzarmi presto.”

“Riposati, verranno tempi migliori, vedrai. E domani forte e sorridente alla radio, torna in guerra bella carica.”

“Va bene.”

“Un bacio speciale, cuginetta.”

Dopo aver parlato con Juan mi sono preparata un caffè doppio, con la speranza che agisse come sonnifero in questo mio organismo che va controcorrente. Ma non ha funzionato, forse ho perso il dono di mia nonna.

In momenti come questo penso molto a mio fratello Javi. Come mi piacerebbe potergli chiedere aiuto adesso o, semplicemente, accoccolarmi tra lui e papà, come quando vedevamo le partite in televisione e mi sembrava che andasse tutto bene.

Ricordo una delle nostre ultime conversazioni. Litigammo.

“Ma sì, Carla, so benissimo che non capisci la storia della montagna, me lo hai detto mille volte.”

“Non è che non capisco che ti piace, è che il prezzo da pagare mi sembra molto alto, ci sono così tanti rischi.”

“Solo in montagna?”

“Che vuoi dire?”

“Non penserai che voi che state quaggiù non correte rischi.”

“Be’, sì, certo, ma non è lo stesso.”

“Effettivamente non è lo stesso. Senti, non tirerò fuori l’argomentazione abusatissima per cui camminando per strada può caderti un pezzo di cornicione in testa, che vivere comporta un rischio in sé... Voglio solo che pensi che mettere in gioco la propria vita in montagna o facendo quello che si ama, qualunque cosa sia, implica appunto l'idea di 'giocare'. Perché siamo venuti a questo mondo, tesoro, se non per giocare e divertirci per quanto possiamo? Pretendi che molli alla prima difficoltà sapendo che, qualunque cosa io faccia, finirò per morire come tutti? Non se ne parla neanche."

"Moriamo tutti, è vero, ma meglio da vecchi, dopo aver vissuto molti anni."

"Carla, conosco un sacco di persone che vivono tanto per vivere, senza permettersi un'avventura, senza azzardarsi a essere felici. Io non voglio molti anni così."

"Be', tra essere un pezzo di legno e rischiare la vita così spesso, c'è una via di mezzo."

"Ti dico una cosa ma non ti arrabbiare."

"Sentiamo..."

"Quello che fai tu è molto meno comprensibile."

"Quello che faccio io? Non capisco."

"Tu sei appassionata come me. Io amo la montagna quanto tu ami la radio e ti assicuro che sono due passioni ugualmente irrazionali."

"Non paragonare le due cose."

"In effetti non c'è paragone. Io mi diverto come un pazzo in quello che faccio, salgo in vetta e sono immensamente felice e capisco alla perfezione il significato di quel grido di Iñaki Ochoa: 'Pura vida'. Tu soffri, Carla. Non ti ho mai visto goderti veramente quello che fai, tu ti consumi. Sai? Mi si stringe il cuore a pensare a quando eri piccola e papà metteva in macchina la canzone di Joan Baptista Humet, *Hay que vivir*, e tu, che eri uno scricciolo di sette anni, la cantavi a squarciagola. Dov'è quella bambina? Carla, io vivo intensamente e tu muori un po' tutti i giorni. A me sembra alto il prezzo che paghi tu."

Mio fratello aveva ragione. In base a quale unità di misura si valuta la vita? In base agli anni, ai successi, alle soddisfazioni, ai dispiaceri, alle ore di noia? "Prima o poi moriremo tutti" non è solo un modo ironico di affrontare il disastro, è forse l'unica verità assoluta su cui possiamo contare. È l'unico fatto indiscutibile. Il problema è semmai il "come"; e non tanto come moriremo, ma come abbiamo vissuto fino a quel momento. Questo dovrebbe essere il metro per valutare se il passaggio in questo mondo è valso la pena.

Io non provo amore per la montagna come Javi o Iñaki Ochoa. Io la ammiro e la contemplo da lontano, la temo, ma non la vivo. Loro sì che la vivevano, per quanto abbiano finito per morire in vetta, e confesso che, a questo punto della mia vita, questo approccio all'esistenza mi provoca una certa invidia.

Prima di uscire di casa, mentre vado a prendere le chiavi che sono accanto alle foto della mensola, indugio su una di esse, quella che ho rubato dall'album della mamma: io e Javi al mio compleanno, le facce sporche di cioccolato, e mi soffermo sul mio sorriso. Nessuno dei sorrisi del resto delle foto che la circondano ha questa forza, questa energia, questa verità. Mi rendo conto che è molto tempo che non so più sorridere così.

Ed eccomi qui, lo stesso tragitto di sempre, alla stessa ora, sullo stesso autobus e con le stesse persone. Mi dirigo in un posto in cui ho passato così tanti anni che non li conto neanche più.

Probabilmente il mio più grande errore è stato questo: non muovermi, aspettare che qualcosa cambiasse senza cambiare posto. È difficile evolvere senza spostarsi; per crescere bisogna andarsene, provare la vertigine che comporta ogni sfida, prendersi il rischio e superare la paura di fallire. Io, però, non ho mai imparato questa lezione, ho aspettato e aspettato fino a perdere la speranza.

Ormai sono davanti all'ingresso dell'emittente: eccomi che entro, pronta a immergermi ancora una volta nella routine che mi opprime.

"Ciao, Carla. Quanto tempo!"

"Sì, Rafa, molto."

"Come vanno le cose?"

"Non mi lamento. Tu stai bene?"

"Benissimo, grazie. Buon anno, ci vediamo più tardi."

Rafa è l'addetto alla sicurezza del mattino, sorride sempre, è la sua espressione abituale; non sorride euforico, il suo è un sorriso tranquillo ma inespressivo che non lascia trapelare se è felice o meno. Rafa e il suo sorriso sono lì, fanno parte dell'arredamento, come l'ascensore, come il mobile della reception, come me.

Ana, la receptionist, ordina buste muovendo con grazia le sue unghie rosse molto simili a quelle della cassiera della banca che mi ipnotizzava da piccola.

"Ciao, Ana."

"Ehi, Carla, bentornata! Tutto bene?"

"Benissimo, grazie."

"Ci sei mancata."

"Anche voi a me. Ci vediamo dopo."

"Benissimo, bella."

Attraverso i corridoi che mi sono tanto familiari. In tutti questi anni li ho visti in tutte le loro versioni, ho assistito a ogni ristrutturazione, a ogni cambio di moquette, e tutto è uguale a prima.

Saluto i colleghi che incontro sulla mia strada. In redazione è tutto in ordine: alcuni parlano al telefono, altri battono concitatamente sui tasti del computer, i redattori del giornale radio corrono per dare in tempo il notiziario orario. Normalità assoluta anche negli studi: in uno una persona registra un'intervista telefonica, in un altro viene trasmesso un programma in diretta e in quello della pubblicità in prima linea Paco e al microfono... Cristina.

"Ehi, Carla, sei già qui."

"Ciao, Paco. Come va?"

"Al solito."

"Al solito", questa frase contiene l'essenza di Paco e uno dei motivi della mia angoscia, mentre sarebbe tanto bello poter dire "come mai prima d'ora".

In cabina Cristina sorride mentre registra uno spot per un'agenzia di viaggi. Il sorriso al microfono, una delle prime cose che mi ha insegnato il mio maestro.

"Il microfono è trasparente, Carla. Bisogna sorridere con la voce, è il modo per sedurre l'ascoltatore." Me lo sono inciso a fuoco nella mente e ho sorriso persino in giornate in cui avevo solo voglia di piangere.

Saluto con un cenno Cris dal mixer, do un bacio a Paco e continuo il tragitto fino al mio posto di lavoro. Le mie cose sono qui, proprio come le ho lasciate più di un mese fa: la mia scrivania, la mia sedia, il mio computer e un post-it appiccicato sull'angolo superiore destro del monitor: "Tutto ha il suo momento, e ogni evento ha il suo tempo sotto il cielo. C'è un tempo per tacere e un tempo per parlare".

La citazione dell'*Ecclesiaste* l'ha lasciata lì la mia collega Rocío quando ha abbandonato la radio per intraprendere un altro percorso professionale. Lei sapeva del mio rivolgimento interiore e ha voluto incitarmi ricordandomi che sarebbe arrivato il mio momento. "C'è un tempo per tacere e un tempo per parlare." Risulta strano leggerlo adesso.

"Ciao, bella, dammi un bacio!"

Quella che grida da lontano è Rosa, la segretaria di Domínguez, esperta nell'intuire ogni arrivo e ogni allontanamento dalla redazione. Io sospetto che abbia un olfatto da segugio.

"Ciao, Rosa. Come va?"

"Una meraviglia. E tu? Sei guarita del tutto?"

"Sì, mi sento bene. Adesso devo recuperare la voce."

"Uh, sì, sembra che tu ce l'abbia più debole."

"Già, dicono che sia normale, è questione di tempo e di allenamento."

"Domínguez vuole vederti, mi ha detto di avvisarlo quando arrivavi."

"Sì, sì, stavo per passarci adesso. Lascio le mie cose e vado."

"Benissimo."

Rosa si allontana masticando una gomma e io appendo il cappotto all'attaccapanni, appoggio la borsa sulla mia sedia, saluto i colleghi che sono alle scrivanie più vicine e vado nell'ufficio di Domínguez. Preferirei che mi togliessero i quattro denti del giudizio, senza anestesia, piuttosto che dover affrontare questa prova. Do due colpetti alla porta e mi affaccio timidamente:

"Ciao, è un buon momento per te?".

"Chi si vede, la figliola prodiga! Vieni, vieni. Come va, Carla? Come stai?!"

Domínguez si alza e mi saluta con due baci. Be', per meglio dire, con due colpi della faccia contro la mia, uno su ciascuno zigomo: è il suo marchio di fabbrica.

"Bene, bene, è andato tutto benissimo. Il mio otorino è molto contento."

"Ottimo. Scusami, sto mandando una mail. Siediti, tra un attimo sono da te."

"Certo."

Mi siedo ad aspettare, come tante altre volte, in quest'ufficio zeppo di cose. Sulla scrivania ci sono fogli, cartelle, sottocartelle, una cornice di metacrilato con foto di moglie, figli e cane Labrador, due pacchetti di Lucky Strike e un accendino con il logo dell'emittente.

Guardo con la coda dell'occhio Domínguez, seduto di profilo, con la camicia sgualcita e la cravatta leggermente afflosciata. Batte sulla tastiera con due dita, la bocca socchiusa con la punta della lingua che sbuca; anch'io ho la mania di tirare fuori la lingua quando scrivo. E a questo si limitano le cose che abbiamo in comune.

"Bene, fatto."

Si volta con la sua sedia girevole e mi guarda all'altezza della fronte; no, Domínguez non guarda negli occhi, non ci assomigliamo neanche in questo.

"Allora, Carla, mi dicevi che l'intervento è andato bene."

"Sì, sì."

"Ma è come se avessi la voce stanca."

"Be', all'inizio è normale, presto sarò al cento per cento della forma. Come va qui?"

"Be', lo sai, la situazione è fiacca, come dovunque. Meno investimenti pubblicitari... E dire che siamo appena usciti dal periodo caldo di Natale, ma si nota, si nota. *Mala tempora currunt.*"

"Sì, per tutto e quasi per tutti."

"Ho parlato con i tuoi colleghi prima delle vacanze. Siccome non c'eri, ti riassumo un po' la situazione."

"Ah."

Adesso arriva il momento in cui Domínguez si mette a divagare e a parlare senza dire niente. Tre, due, uno, ci siamo:

"La faccenda è nera, Carla. La situazione è quella che è, l'economia sta come sta. Io non so cosa succederà né che decisioni prenderanno ai piani alti, ma ci possiamo aspettare di tutto".

Si insinua un silenzio imbarazzante tra di noi, che io decido di interrompere con una parola che non è precisamente tranquillizzante.

"Licenziamenti?"

"Non lo so, non voglio essere precipitoso, non posso dire niente di concreto."

Certo, concretezza e Domínguez è un ossimoro.

"Il fatto è che tenendo conto di ciò che c'è e ciò che può arrivare, che ancora non sappiamo in cosa si potrebbe tradurre, be', insomma, bisogna essere preparati."

Mamma santa, è meraviglioso, la capacità di Domínguez di menare il can per l'aia dovrebbe essere una specialità olimpionica.

"E insomma, arrivati al punto e chiariti i vari aspetti..."

Squilla il telefono. Grazie, Graham Bell, per essere venuto in mio aiuto.

"Scusa, Carla. Sì, Rosa, dimmi. Sì, sì, l'ho chiamato io. Digli che era per mettere a punto un paio di cose prima della riunione di oggi pomeriggio, tra mezz'ora lo chiamo, sono occupato. Esatto. Esatto."

Mezz'ora?! Spero che non pensi di passarla con me. Se resto in quest'ufficio per trenta minuti, entro in coma irreversibile.

"E insomma. Cosa ti stavo dicendo?"

È quello che vorrei sapere io. Tutto e niente, come al solito.

"Ah, sì, che le cose stanno come stanno e bisogna tenerlo in conto per agire di conseguenza."

"Ah."

Questo secondo "ah" lo accompagno con un cambio di mano, adesso ho appoggiato la sinistra sulla scrivania e, su di essa, il mento. È un gesto che denota interesse e, frattanto, evita che, se mi vince la noia e in un attacco di sopore svengo, io possa cadere sulla scrivania di Domínguez e spaccarmi la testa contro un fermacarte di Expo '92. Sarebbe una morte troppo vintage.

"E come ho detto ai tuoi colleghi, Carla, e adesso dico a te, è necessario che remiamo tutti nella stessa direzione."

"Sì."

"Che capiamo la situazione, che ce ne facciamo carico."

"E una domanda, Domínguez. Tutto questo in cosa si traduce esattamente?"

Domínguez arrossisce un po' e assume un'impercettibile espressione di sorpresa aggrottando la fronte. Suppongo che sia un po' sorpreso e un po' offeso perché non ho capito la sua spiegazione chiara e convincente.

"Be', vediamo, tradursi, tradursi, non è un fatto concreto, è... Sono molte cose. Per esempio accettare che le condizioni non saranno più le stesse. Perché la situazione, come ti sto spiegando, è cambiata."

"Ti riferisci a tagli agli stipendi?"

"Al momento questo non lo posso affermare, non ne ho la sicurezza."

Santo cielo, non voglio immaginarmi Domínguez che cerca di chiedere il divorzio alla moglie. Quando avesse finito di spiegarglielo, lei vivrebbe già da due mesi alle Fiji con un figone samoano.

"Scusami, non riesco a capire i cambiamenti, se di cambiamenti si tratterà."

"Cambiamenti concreti non li posso prevedere, ma dobbiamo essere tutti preparati e consapevoli perché le condizioni possono cambiare. Le entrate per le registrazioni delle pubblicità, ad esempio."

"Bene, lo vedi? Questo sì che mi riguarda personalmente."

"Certo, certo. Adesso, tra l'altro, c'è anche Cristina."

"Sì."

"C'è una persona in più e forse bisognerà provvedere a una nuova distribuzione dei clienti."

"Capisco."

Sì, Carla, hai capito bene. A partire da adesso, condizioni peggiori.

"Tutto questo è un bel grattacapo per me, puoi immaginartelo."

"Me lo immagino."

"Cercare di fare contenti tutti, in un momento così difficile, non è cosa da poco. Io ricopro questo incarico da molti anni e devo dirti che mai, mai e poi mai, neanche per sogno..."

È successo: mi sono completamente astratta dal discorso interminabile di Domínguez. Sento la sua voce di fondo come una litania, ma non so cosa dice né mi importa, sono nel mio mondo. Immagino che sia un'abitudine che ho acquisito durante questo periodo di riposo: pensare a quello che mi interessa e scartare tutto ciò che mi ruba tempo ed energia senza darmi niente. All'improvviso, spinta da un impulso che non so bene da dove mi nasca, interrompo Domínguez nella sua filippica:

"Sai, Domínguez? In tutto il tempo in cui ho lavorato con te ho imparato una cosa".

"Solo una? Ah ah."

"Una importante. Me l'hai insegnata la prima volta che ci siamo incontrati, quando ti hanno nominato capodipartimento."

"Ah, sì? Dimmi, dimmi."

"Tu mi dicesti: 'Nell'ufficio del capo non bisogna mai entrare con un problema, bisogna entrarci con una soluzione'."

"È vero, è così. Eh eh."

Ride soddisfatto riconoscendo il suo motto.

"Benissimo, oggi metterò in pratica il tuo insegnamento."

"Non ti capisco."

"Ti porto una soluzione."

"Questa sì che è buona!"

"Molto buona. La migliore. L'unica, direi. Me ne vado dalla radio."

"Come dici?!"

"Sì, è arrivato il momento di chiudere questa tappa. Lunga, d'altronde, troppo lunga, direi io. In questa emittente ho imparato tutto, sono passata per diversi dipartimenti e ho svolto diverse funzioni, ho avuto momenti dolci e altri molto amari. E so che più avanti di così non posso andare."

"No, dai, non dire così."

"Sì, lo sappiamo tutti e due. Non farò mai niente di importante qui dentro."

"Quello che fai è importante."

"Sai bene cosa voglio dire. Quello che faccio lo facevo già molto tempo fa, non so se meglio, ma probabilmente con più entusiasmo. Adesso lo può fare Cristina o chiunque altro. Il mio lavoro qui è finito, Domínguez. Ti tolgo un problema, pensaci, se verranno tempi difficili e dovrai fare una lista nera, ti risparmierai di metterci un nome, il mio. È o non è una soluzione?"

"Carla, non so che dire... Questo non me lo aspettavo. Sei certa della tua decisione?"

"Assolutamente. Sicura, decisa e felice. Grazie di tutto e in bocca al lupo per il futuro. Continuerò ad ascoltarvi."

"Pensaci bene. Fa molto freddo lì fuori."

"Tranquillo, ho un cappotto fantastico."

"Hai qualche piano?"

"Mille."

Uscendo dall'ufficio di Domínguez, nonostante tutte le finestre siano ermeticamente chiuse, ho avuto la sensazione che entrasse una boccata di aria fresca, come quella di alta montagna. Deve essere quello che i poeti chiamano il vento della libertà...

Ho salutato con un sorriso i miei colleghi che mi guardavano spaventati e intrigati allo stesso tempo, cercando di indovinare se fossi impazzita o se nascondo un asso nella manica che non voglio mostrare.

È molto divertente vivere questo momento. Registro ogni particolare per non dimenticare mai questa sensazione, proprio come ho fatto la sera in cui viaggiavo in taxi decisa ad amare il mio migliore amico.

Faccio lo stesso tragitto che ho percorso un attimo fa, ma adesso in senso inverso. Nello studio della pubblicità, Paco e Cristina scelgono il jingle per uno spot. Sorpresissimi dal mio addio inatteso, mi salutano e proseguono con il loro lavoro. Passo poi davanti allo studio che trasmette in diretta, all'altro in cui qualcuno registra un'intervista telefonica, incrocio i redattori del giornale radio che corrono per dare in tempo il notiziario orario; attraverso la redazione, dove alcuni battono concitatamente sui tasti del computer e altri parlano al telefono, fino ad arrivare alla postazione di Ana, in reception, che, informata della notizia, mi bacia con un'espressione di circostanza e, un attimo dopo, la cambia per rispondere sorridente a una telefonata.

Mentre sono sul punto di varcare il portone per l'ultima volta, incontro di nuovo Rafa, l'addetto alla sicurezza.

"Sono venuta a salutarti, Rafa."

"Be', hai lavorato proprio poco oggi, eh eh."

"A salutarti per sempre."

"Ma cosa mi dici, bella!"

"Sì, intraprendo un'altra strada."

"Ma dai... Se è un cambiamento in meglio, ne sono felice."

"Lo è. Abbi cura di te e grazie per il tuo sorriso di ogni giorno."

È l'unico momento, in tutti questi anni, in cui ho visto un Rafa serio e piuttosto dispiaciuto. Mi sento un po' colpevole del suo cambiamento d'umore, ma anche lusingata: almeno a lui mancherò.

Appena esco dalla radio mi accorgo di un bel ragazzo dall'altro lato della strada. Il telefono mi squilla in borsa, lo tiro fuori e rispondo.

"Pronto?"

"Ciao, bellezza."

"Ciao, bruttone."

"Lo sai dove sono?"

"Davanti a me, ti sto vedendo."

Sul marciapiede di fronte alla radio, appoggiato a un trolley, c'è l'uomo che amo che mi fa gesti per chiedermi se deve venire lui al mio marciapiede o se vado io al suo. Gli dico che vado io, attraverso al semaforo quasi correndo e, una volta arrivata davanti a lui, mi butto tra le sue braccia e rimaniamo così per un lungo momento che per me è molto breve.

"Che ci fai qui? Arrivi adesso dall'aeroporto?"

"Sì, sono venuto per offrirti un caffè, per tirarti su nel tuo primo giorno di lavoro."

"E allora è meglio se mi offri un gin tonic, con G'Vine, per favore, perché è l'ultimo. Mi sono appena licenziata dalla radio."

"Stai scherzando?"

"No. È finita. Ho chiuso per sempre!"

"Accidenti... Stai bene?"

"Alla grande."

"Be', è fantastico allora. Lo sai, Carla, andrà tutto bene alla fine..."

"E se non va bene, vuol dire che non è ancora la fine."

Il tono e l'anima

Raquel Martos

Lauren Bacall fu scartata a un provino perché aveva una voce troppo dolce. Perciò, senza pensarci due volte, salì su una scogliera, lanciò un grido fortissimo e riuscì a ottenere quella voce sensuale da donna fatale che fece impazzire Humphrey Bogart e mezzo mondo.

Questa storia mi è stata raccontata dalla mia logopedista, Carolina Pérez Sanz, il mio angelo. Lei ha recuperato la mia voce per la battaglia dopo due operazioni alle corde vocali. Una sua collega – dotata della stessa sensibilità di una pietra pomice – mi aveva pronosticato un futuro nero pieno di problemi, compresa l'assoluta impossibilità di lavorare con la mia voce. Uscii dal suo studio piangendo fiumi di lacrime e pensando che quella era una prospettiva simile alla fine del mondo, almeno del mondo a cui io mi dedicavo e che amavo perdutamente: la radio.

Per qualche anno vissi situazioni angoscianti, come ritrovarmi senza voce davanti a un cliente per il quale registravo un annuncio pubblicitario o al microfono, in diretta, durante un programma. E alcune surreali e tragicomiche. Una volta restai afona durante il viaggio per partecipare a un matrimonio dove non conoscevo quasi nessuno. Una volta lì il mio fidanzato, mentre mi presentava al resto degli invitati, li illuminava sulla mia situazione: "Non è che le state antipatici, non è che è asociale, no, il fatto è che è rimasta senza voce quando ci siamo fermati a mangiare a Navalmoral de la Mata".

Dopo questi episodi da dimenticare, arrivò la seconda operazione e, immediatamente dopo, Carolina comparve nella mia vita e, con lei, una porta aperta sull'affascinante mondo della voce. La prima cosa che fece fu tranquillizzarmi e mettere in fuga i fantasmi che mi circondavano. Poi mi insegnò a usarla, ad allenarla, a proteggerla, a trarne profitto. E mi fece dono delle storie di voci illustri, alcune malate, come quella di Freddie Mercury, che non volle mai farsi asportare i noduli delle corde vocali per paura che il suo timbro inconfondibile si alterasse. O quella di Lauren Bacall, che grida al mare in quella scena così cinematografica: "Che Dio mi sia testimone: non tornerò mai ad avere la voce in falsetto".

La voce è parte di ciò che siamo, la colonna sonora che accompagna i nostri movimenti, le nostre liti, le nostre emozioni, le nostre reazioni. Con la voce possiamo aggredire o blandire, esasperare o attrarre, irritare o convincere; la voce parla per noi in tutti i sensi, la voce è il tono dell'anima.

Confesso che ho l'innamoramento facile... anche in fatto di voci. Mi innamoro di alcuni timbri senza distinzione di sesso, razza o religione, faccio caso a tutte le voci e poi gioco a indovinare attraverso il loro suono la fragilità, la sicurezza, l'onestà, la sfrontatezza, la franchezza, la superbia, l'innocenza, la sensualità. Ci sono voci che hanno un "non so che" che ti fa venire la pelle d'oca e che a me fanno impazzire.

Dovremmo ascoltare le voci con più attenzione e lasciare che risuonino liberamente. E anche far sentire la nostra per lamentarci di ciò che non ci piace, per suggerire quello che ci piacerebbe, per denunciare le ingiustizie, per esigere ciò che ci spetta, per proporre soluzioni, per esprimere ciò che proviamo – anche se, in alcuni casi, il pudore ci rompe le uova nel paniere –, per dire tutto, se è quello che vogliamo dire.

Che risuonino le voci, con grande forza, come se fossimo in cima a una scogliera o, se preferiamo, abbassando il volume (senza abbassare il livello), perché, esprimendosi bene, non c'è bisogno di gridare. Si sa che a volte un sussurro si fa strada insinuandosi in mezzo alle urla e finisce per imporsi sullo stridore delle grida. Gravi o acute, dolci o energiche, che si facciano sentire. Che si facciano sentire tutte le voci.

Ringraziamenti

A tutti voi che mi volete bene e che mi avete accompagnata e sostenuta nei giorni difficili. Voi sapete chi siete e anch'io.

Per sempre.

Indice